看开一切,
心无挂碍,
便会无所惧,
喜乐自会常来!

得喜乐

照圣禅师带你离苦得乐

照圣禅师◎著

喜乐是一种乐观、快乐的心态，是知足、感恩、温暖，也是仁慈的核心，是在琐碎日子里依然守望着心灵上的那片纯净的天空。

重庆出版集团 重庆出版社

图书在版编目（CIP）数据

得喜乐／照圣禅师著．—重庆：重庆出版社，2013.7
　ISBN 978-7-229-03929-5

　Ⅰ.①得… Ⅱ.①照… Ⅲ.①人生哲学—通俗读物
Ⅳ.①B821-49

中国版本图书馆CIP数据核字（2013）第088423号

得喜乐
DE XI LE

照圣禅师　著

出　版　人：罗小卫
策　　　划：支大朋　张满菊
责任编辑：王　梅　刘思余
责任校对：何建云
装帧设计：崔玲玲

重庆出版集团　出版
重庆出版社

重庆长江二路205号　邮政编码：400016　http://www.cqph.com
北京中印联印务有限公司印刷
重庆出版集团图书发行有限公司发行
E-MAIL：fxchu@cqph.com　邮购电话：023-68809452
全国新华书店经销

开本：710×1000mm　1/16　印张：17.5　字数：237千字
2013年7月第1版　2013年7月第1次印刷
ISBN 978-7-229-03929-5
定价：37.00元

如有印装质量问题，请向本集团图书发行有限公司调换：023-68706683

版权所有　侵权必究

作者序

世界如此浮躁，喜乐尤为重要

很早就想写下点什么，用文字把自己对佛法的感悟记述下来，与众生分享。但是，自知并无文采，只是不忍众生受苦，于是就以献曝之忱勉力为之，望众生能够从中获取感悟。

佛陀曰：一花一世界，一叶一菩提。心灵的花开、生命的蓬勃，有时就源于一次次豁然的顿悟。而无边的佛法所揭示的哲理，常常触及天理物象、人心灵魂的根本问题。

风尘弥漫的世界，歧路纵横；混沌迷惘的心灵，无所适从。在如今，物质世界的丰富，越来越使得众生的精神世界更加苍白，内心更加空虚。快节奏的生活让众生总是处在匆忙的赶路中，没有闲暇欣赏四季的变化，没有闲暇倾听心灵的召唤，疲惫的灵魂跟不上匆忙的脚步。每每浮躁的情绪在众生之间蔓延，不满、焦虑、急功近利……让这个世界更显浮躁。

我们修行佛法，必须承受各种苦难，方能有所感悟。众生在人生的修行之路上，也是要接受种种考验，面临种种烦恼。而对于这些烦恼与困惑，众生可以淡然地接受，亦可以消极地抗拒。就如我在佛经中所看到的一个故事：

从前有个农民，家里非常穷，好不容易凑了点钱，打算做个小生意，结果却亏了。这一天，他心情糟透了，为了排解心中的苦闷，便到山上去找禅师诉说。

禅师听完了农民的话，带他来到了一间破旧的禅房，禅房里唯一的一张桌上放着一杯水。

禅师微笑地对农民说："你看这杯水，它已经放在这儿很长时间了，每天都会有灰尘落在里面，但它却依然澄清透明。你知原因是什么吗？"

农民认真地思索着，像是要看穿这杯子似的。过了一会儿，他忽然说："我懂了，所有的灰尘都沉淀到了杯底。"

禅师点点头说："人生就如杯中水，浊与清全在于自己。"

从中，众生当明白，如果你能静下心来慢慢等它沉淀，用宽广的胸怀去容纳它，它也会还你一份清澈与纯净。所以，众生有的觉得生活是美好的，有的却觉得活着即是吃苦。而当众生能够拥有一颗喜乐之心，懂得沉淀、淡定、静心，痛苦自然也就会沉淀于心底，也许痛苦依然会占据众生心灵的某一处，但空间却不大，大部分的空间仍被幸福所充斥着。

唐代禅宗六祖慧能大师曾说："一切福田，离不开自己的心。能从自己的心田去寻找，是没有得不到感通的。"在浮躁的现实生活中，众生只有拥有一颗喜乐的心，保持一个喜乐的心境，才能够浸润在晨风夕雨之中，面对流水落花，听得到自然的呼吸，感受得到内心的平静。以淡定化解心中的浮躁，这时，陋室便是无极，内心顿成宇宙；这时，精神就会超然，心胸就会博大；这时，便拥有了一份清澈澄明，一份淡定从容，获得一种喜乐自在的人生。

我写《得喜乐》这本书，并非是为了说些佛法理论的教导，而是希望众生透过一篇篇的小故事，看见豁然开朗的喜乐人生。望这些以佛法佛理为源泉的文字，能在众生的心幕上留下丁点儿的启示和感悟，哪怕就像夜空里迢遥闪烁的星光。当然，若有心慧思捷的众生因此发现了自己的启明星或者北斗星，那更是再好不过了……

释照圣

书于古都大同桑干河旁觉海禅寺

佛历二五五七年一月十一日

2013年2月20日

作者序　世界如此浮躁，喜乐尤为重要/001
引　子　众生得喜乐，幸福永无边/011

第一章
能否有真正的喜乐，请先找到自己的心

有句偈云："佛在灵山莫远求，灵山就在汝心头；人人有个灵山塔，好向灵山塔下修。"每个人心中都有一尊本来佛，要向心内觅佛，成就内心的真佛。人活一世，只有找到自己的心，才会有智慧，得自在。

心在何处 /017
给实相一个穿透自己"心"的机会 /020
喜乐有时会被悲观的心所遮蔽 /024
苦乐就在一念间 /028
给自己留点心灵空间 /031
耕耘心田，必有收获 /034
心若自在，喜乐常在 /037

第二章
日日布施，喜乐日日相伴

佛家修行有"六度"之说，第一个度就是布施，第一个要修的也是布施。无所求的布施，才是真正的布施。布施不仅是"身"的行动，"心"和"意"也一起行动，因此，带来的是真正的喜乐。

即使你身无分文，也可以布施 /041
怀着清净心、平等心和慈悲心布施 /045
慈悲心，布施的第一要义 /049
自愿、情愿的布施 /052
学会布施，从给予中获得喜乐 /054
布施让人放下执念，获得真正的喜乐 /058
多布施多结缘，人生才圆满 /060
付出也是一种福报 /064
真心布施，获得一轮明月 /067
量力而行，尽力而为，利益一切众生 /070

第三章
微笑带给他人，喜乐留给自己

俗话说：人生不如意十之八九。有喜亦有悲，有爱亦有恨，有希望亦有迷茫，有喜悦亦有苦涩，如此等等。但不论众生当下境况如何，都要给人以真诚的微笑，这样你的内心就会收获喜乐。

用喜悦之心制造幸福 /075
依止自己，幸福自在 /078

卸下心中的痛苦，用喜乐滋养自己和他人 /081
开怀大笑，喜乐来到 /084
一路微笑，一路快乐 /086

第四章
化解烦恼，走上喜乐路

众生无量无边，烦恼也有八万四千种之多。而烦恼就如同荆棘丛生的沼泽地，横贯在人们的脚前，许多人受其羁绊，陷入这痛苦的泥潭中。无烦恼的清净心，犹如远离乌云的万里晴空。

世间本无事，庸人自扰之 /093
越聪明，越烦恼 /097
何苦自寻烦恼 /100
灭去烦恼之火，定会安然喜乐 /103
烦恼少了，痛苦自然就少了 /107
走过烦恼人生，实践大爱无言 /111
走出烦恼的围城 /114

第五章
宽恕众生，自己得喜乐

佛曰："不宽恕众生，不原谅众生，是苦了自己。"人活一世，莫拿别人的错误来惩罚自己，因为不值得；莫拿自己的错误去惩罚别人，因为伤害别人时，自己也会受到伤害。

宽容赐人以力量 /121

心有多宽，世界就有多大 /124

以德报怨，唯有修心方得平安 /126

放开心胸，收获一段喜乐人生 /130

人生是宽容的进行时 /133

仇恨是一个无知的牢笼 /136

宽恕是最大的救赎 /140

宽容别人与得到宽容是相对的 /143

第六章
抛却浮云，一切随缘，人生方才最快活

常言道："命里有时终须有，命里无时莫强求。"一切随缘，才是无道。佛说："若能一切随他去，便是世间自在人。"很多事情不是强求就能得到，不如一切随缘，这样就会少很多烦恼和纠结，众生便可自在逍遥。

得意淡然，失意泰然 /149

欲念使众生一直受缚 /152

守住欲望的底线 /155

富贵如浮云，"贪"字变成"贫" /158

名与利皆为空 /161

知足，则喜乐常存 /165

最珍贵的是当下的幸福 /168

别因虚妄的东西错过路上的风景 /171

吃亏是福 /173

不要强求，万事均顺其自然 /176

饭非一人可吃尽，事非一人能做完 /179

第七章
喜乐即是幸福，幸福源于爱人

佛说："修百世方可同舟渡，修千世方能共枕眠。前生五百次的凝眸，换今生一次的擦肩。"有人说：爱不是关切地对望，而是朝着一个方向的共同凝望。爱是很真实的东西，是一种使众生坚强、关爱众生福祉的力量。

孝敬父母是最大的供养 /185
感恩不是精神而是行为 /188
像对待孩子一样对待老人 /191
对亲人亦不可任意发泄不满 /194
朋友，一生修行的伴侣 /197
众生如父母，理应慈悲对待 /201

第八章
说喜乐话，功德圆满

人与人之间最直接的交流方式就是语言，若想达到最好的效果，彼此之间应该多说让人欢喜的话。佛经云："故当说柔语，莫言不悦语。若说悦耳语，成善无罪也。"若说喜乐的语言，不但不造罪，反会增加功德。

不可妄语、诳语 /207
良言一句三冬暖，恶语伤人六月寒 /211
不要吝惜"感谢"二字 /213
用心听别人说什么，不要指责别人 /215
多说话，不见得好处就多 /219

不理会谩骂，谩骂就伤害不到你 /223

第九章
满怀善心，生活中得喜乐

《周易》说："积善之家，必有余庆；积不善之家，必有余殃。"善心是一种无价的精神财富，钱财带给众生的只是瞬间的满足，远不如与人为善所带给众生的喜乐。

有人跟你争执，让他赢又何妨 /229
交往只求将心比心 /231
宁得罪君子，不得罪小人 /233
别人的短处，切莫揭露和高谈阔论 /236
不能轻易地抛弃老友，也不能全信新友 /239

第十章
健康地活在当下，喜乐永在

佛经上说：病由业起，业由心造。一切疾病的根源，都是我们内心攀缘外境所产生的杂念。喜乐来自内心，不要向外寻求。从外境和物质当中得到的喜乐是短暂且肤浅的，而健康是清净心所感应的结果，健康是喜乐的基石，只有健康地活在当下，才能真正地体味生命的意义。

失去健康，一切喜乐都归于沉寂 /245
你是健康的，就是快乐的 /248
学会享受生命 /251
用悠闲的态度去做忙碌的事情 /254

附　录　照圣禅师精彩开示录

人间菩提 /258

平等心 /262

出离红尘 /263

习气 /263

正觉之道 /265

生命之歌 /265

以爱来奋斗 /269

心好命就好 /270

后　记　请把喜乐分享给你身边的每一个人 /274

引子

众生得喜乐，幸福永无边

喜乐，是一种乐观、快乐的心态，是仁慈的核心，能使人生如沐春风，究其源泉是来自于感受生命的存在与警觉真理的永恒。当喜乐充满心中，就不必向外追逐物欲，即使身处最恶劣的环境下，都会觉得非常幸福。反之，人若缺乏此一源泉，就算其物质生活极为丰盛，亦无法止息贪求的心灵。

众生的快乐往往来自于感官上的享受。当人有福报时，欲望能得到满足，获得暂时的喜乐，然而没有福报时，就会因挫折而萎靡不振。这种以满足欲望而寻获的快乐，无异于饮鸩止渴。但是众生依然不停止向外追逐各种感官上的享乐与情感上的寄托，觉得只要得到这些，就能够舒心无忧了。其实，因欲望而来的快乐极不稳定，会使心灵产生波动的现象。而外在世界的因缘不断变化，人若总是执著于瞬间的繁华喧闹，苦难就会接踵而至了。

众生需要丰富的内心世界、强大心灵，否则，就会欠缺了生命能量，当遇到不顺心之事时，心中的痛苦就会加倍，痛苦的阴影就会一直在心中流连不去，虽然会随着时间的流逝而淡忘，但极易触景伤情以至于心神不宁，影响当下的生活，而又招来再一次的挫败苦厄。长此以往，形成恶性循环，使人永远处在厄难的牢笼中，其痛苦追踪溯源就在于对欲望的贪求。

放下贪欲，少些索求，在平实简朴的生活中不挑剔，就是获得快乐的最简单方法。因为满足不在于多加燃料，而在于减少火气和暴躁；财富不在于积累，而在于减少欲望。人生很难完美，不能容忍人生的不完美，就会给自己的人生带来无穷的痛苦和烦恼。因此，若是能拥有真正的喜乐泉源，对于世间的伤痛与挫折，就能以自在的心境去面对了。而真正的喜乐到底是什么呢？

大致来说，"喜乐"是一种生命能量，可以分为下面的几个层面来谈：①找到自己的心。②日日布施。③把微笑带给他人。④化解烦恼。⑤宽恕众生。⑥一切随缘。⑦爱人。⑧不说恶语。⑨满怀善心。⑩健康地活在当下。

以下分述之。①找到自己的心：在每个人心中都有一尊本来佛，要向心内觅佛，成就内心的真佛。心的力量不容小觑，它充满了人类最真实的渴望，也隐藏着不为人所知的力量。找到自己的心，顿悟了心的力量，就将从中获得喜乐之境。②日日布施：布施是一种慈悲心意，当心怀慈悲你就能善待、宽容世间一切事物，就能从中寻获人生的喜乐。③把微笑带给他人：微笑，它是黎明初生的红日，它是春风化雨的甘霖，它是清风摇曳的拂柳，它是临风飘举的仙子……把微笑带给生活，用微笑去点缀生命。怀着一颗赤诚的心，毫不掩饰地，将你最灿烂的微笑洒到每一个角落，散布到生活的每一个空间，就会发现，你的生命，会绽放出快乐的花朵。④化解烦恼：烦恼是杯苦酒，生活中的烦恼无处不在，而人生的烦恼是自找的，它正源自众生的心底，因而要化解烦恼就须从内心深处去根治，时常保持空灵的心境，就不会为烦恼所扰，内心也就更加泰然，容易获得喜乐。⑤宽恕众生：我们不只是为了众生才宽恕众生,而是为了自己想要享受那一份安详宁静的内在,体会那种知足而清心自在的喜乐。所以,我们一定要宽恕众生,这样智慧就会被慢慢启发出来,心地也会渐渐地广阔开朗起来。⑥一切随缘:释迦牟尼说,不悲过去,非贪未来,心系当下,由此安详。佛家不强求,不妄取,贵在随缘。佛说,一切随缘,是多么洒脱的胸怀,看彻眼前的浮云,把人生滋味咂透;一切随缘,人生便可自在逍遥,没有什么可以拘牵意志和灵魂。心怀坦然,体味生命的从容、喜乐。⑦爱人:众生都需要爱,众生也都需要去给予爱。而唯有用心去爱,幸福才是可能的。有爱的心是水晶般剔透明净的心灵,有爱的世界是百花齐放般美丽多姿的世界。能够帮助别人,给别人带去温暖和快乐,就是拥有爱人之心,就能够从中获得幸福和喜乐。⑧不说恶语:佛家中,四种口恶业的第三个是恶语。恶口骂人,是很重的罪过。会损伤自己的功德、福德和善根。因而,我们要不说恶语,多说悦耳语,说别人喜欢听的话,这样,别人不会对你恶语,别人时刻都会让你心情愉快,让你快乐。⑨满怀善心:善心像阳光。我们以自己的善心阳光去朗照世界。只有播种善良,才能收获喜乐。一个人可以没有让旁人惊羡的学识、仪表,也可以忍受"缺金少银"的日子,但离开了善良,却足以让人生的航船搁浅,让生命之花凋谢——因为善良是生命的根。⑩健康地活在当下:健康是智慧的条件,是快乐的标志。健康是人一生最大的财富,是幸福的第一法宝。而只有经得起各种诱惑和烦恼的考验,才能达到最完美的身心健康。拥有健康的身体、向上的精神状态,才会真正体味生命的意义!

喜乐能使人得到满足、幸福、获得心灵平静。若一个人心中充满喜乐，无论身处何种境地，依然会满心欢喜。佛经上说："众苦无边际，贪爱为根本，爱使诸众生，众生不能脱，爱心难弃舍，粘着如藕漆，由此应断爱，勤求无上道"所以，唯有勤修智慧，让真理成为我们的生命因素，才能获得真正的喜乐，得到无边的幸福。

第一章
能否有真正的喜乐，请先找到自己的心

　　有句偈云："佛在灵山莫远求，灵山就在汝心头；人人有个灵山塔，好向灵山塔下修。"每个人心中都有一尊本来佛，要向心内觅佛，成就内心的真佛。有人说："其发窍之最精处，是人心一点灵明。"心为天地万物之主，人心包含着无穷的智慧。人活一世，只有找到自己的心，才会有智慧，才会踏实，无论什么样的生活，都能得自在、喜乐。

生活在世间，唯有找到自家的心，心才会开朗，才会踏实，无论什么样的生活，都得自在、喜乐。

第一章　能否有真正的喜乐，请先找到自己的心

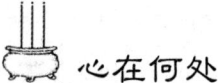 心在何处

很多时候，众生迷惑颠倒，不明白自己心量之广大，不明白自己真心的功能。凡是明心见性的人，真正明了天地与我同根、万物与我一体。

当我们注意力无法集中时，常听人会说"心不在焉"；当一个学生没有专心听讲时，老师说学生的心不知跑到哪里去了。那么我们的心究竟住在哪里呢？却没有几个人明白。有的人认为心就住在形骸里面，其实不然，有时候我们人明明坐在这里，而心却跑到千里以外去了。

在佛教经典《楞严经》中描述了佛陀与阿难尊者讨论如何"征心"的事，心究竟在身体之内？或者在身体之外？或者在内外之间？最后经上说，心事无在、无不在。其意是：你不能说，心在身内，在身外，或在中间。也就是说，心并没有一个固定的所在。

其实，不但是心无在、无不在，世间一切万物皆是如此。而对于俗世的人来说，心是思想的主宰，人的一切行为都来源于心的指挥。就如佛经中说：心是一切万法的根本。无论悲苦喜乐，一切都从心中来。

　　世间万物万事没有绝对的好坏、善恶、甘苦、冷热。很多时候，众生迷惑颠倒，不明白自己心量之广大，不明白自己真心的功能。所以凡是明心见性的人，真正明了天地与我同根、万物与我一体。他真明白了，这个时候起的作用才叫做无缘大慈、同体大悲，他是清净平等博爱一切众生。你要是不悟，这个大用决定不能现前。你要是迷惑，在里面分界限，就有分别执著，就有无量无边的妄想，换句话说，对于整个宇宙人生的真相就迷失了。

　　在佛经上，有这样一个故事：

　　有一天，心向自己提出抗议说："你每天清晨起床，我这颗心就为你睁开眼睛，观看浮生百态；你想穿衣，我就为你穿衣避寒；你想漱洗沐浴，我就为你净身，甚至大小便溺，我都毫无怨尤地帮助你。我们的关系如同唇齿一般的密切，凡事你应该和我有个商量，但是一旦要学道，你却背这个臭皮囊东奔西跑，忙忙碌碌向外攀缘寻找，而不知道反求于我，其实你所要追寻的道并不在其他的地方，道就在自己的心里啊！"

　　每个人心中都有大道，人心包含着无穷的智慧。但人们却在耳娱声色里追逐迷失，找遍外在一切，忽略自己最珍贵的，空在世上几十年而找不到真正的自己。因此，我们要做一个有智慧的人，向心内觅佛，成就内心的真佛。

　　达摩祖师被后人称为禅宗初祖，传说二祖慧可有一次找到达摩，要达摩给他"安心"，大概是他心烦难平，想找达摩祖师让他心情平静。达摩祖师说："把你的心拿来，我给你安。"慧可想了很久说："找了半天，心没找到。"达摩祖师说："我已经把你的心安好了。"禅宗里面这个"心"就更复杂些，它既是思想，又是情感。

　　禅宗"无心"的超脱，不是每个人都做得到。但是，对于平

第一章 能否有真正的喜乐，请先找到自己的心

常人来说，经常能让心闲下来，还是可以做到的。虽然社会生活使我们的身体很忙，然而，如果能做到"身忙心不忙"，就能让我们把事情做好。心好比身体的指挥部，指挥部如果乱成一锅粥，身体不光跟着忙，而且常常是瞎忙。

生活在世间，有人专找门路，有人爱找碴儿，找来找去，只有自找苦吃，自找罪受。唯有找到自家的心，心里才会开朗，才会踏实，无论什么样的生活，都能得自在、喜乐。

释迦牟尼佛（法力无边）

 给实相一个穿透自己"心"的机会

不管面对的是人是物还是事,都应该通过审阅其表象,来审视其内在本质。只有看透事物本质的人,才会在自己的人生中无往不利。

在佛教里有一个关于波浪和海水的例子。波浪在形成之前,并不存在;消退之后,也不可见。而区分每一个波浪,无非是一个波浪比另一个波浪更美、更高或更低。我们都知道,波浪一生可以既是波浪也是海水。但是,波浪并不知晓,它将自己与其他波浪区分开来,恐慌自己时刻会消失。其实,当它深入地探究自己的本质,就会明白,它不只是波浪也是海水。当它明白了实相时,就不再害怕潮起潮落,不再担心存在或不存在。海水代表本体世界——不生不灭与不来不去的世界。

联想到世间众生,能有多少人,可以看清事物的本质?当铅华尽洗,是否能还原本来面目;撤下光环,是否还是真我原身;微笑的面具背后,是丑陋的脸;在虚假的殷勤和虚伪的善意背后,往往是一颗恶毒的心。岁月沧桑,谁又能保持原有的本色;在社会大染缸里浸染,谁又能把自己的清白保护。

第一章　能否有真正的喜乐，请先找到自己的心

没有人喜欢受骗！都希望得知实相。然而，在人生历练中，往往会接触到众多极为复杂的人和事物，而不管面对的是人是物还是事，都应该通过审阅其表象，来审视其内在本质。能够看透事物本质的人，才会在自己的人生中无往不利。

春秋时期，楚国的令尹公子元，在他哥哥楚文王死了之后，非常想占有漂亮的嫂子文夫人。他用各种方法去讨好，文夫人却无动于衷。于是他想建立功业，显显自己的能耐，以此讨得文夫人的欢心。

公元前666年，公子元亲率兵车六百乘，浩浩荡荡，攻打郑国。楚国大军一路连下几城，直逼郑国国都。郑国国力较弱，都城内更是兵力空虚，无法抵挡楚军的进犯。

郑国危在旦夕，群臣慌乱，有的主张纳款请和，有的主张拼死一战，有的主张固守待援。这几种主张都难解国之危。上卿叔詹说："请和与决战都非上策。固守待援，倒是可取的方案。郑国和齐国订有盟约，而今有难，齐国会出兵相助。只是空谈固守，恐怕也难守住。公子元伐郑，实际上是想邀功图名讨好文夫人。他一定急于求成，又特别害怕失败。我有一计，可退楚军。"

郑国按叔詹的计策，在城内作了安排。命令士兵全部埋伏起来，不让敌人看见一兵一卒。令店铺照常开门，百姓往来如常，不准露一丝慌乱之色。大开城门，放下吊桥，摆出完全不设防的样子。

楚军先锋到达郑国都城城下，见此情景，心里起了怀疑，莫非城中有了埋伏，诱我中计？不敢妄动，等待公子元。公子元赶到城下，也觉得好生奇怪。他率众将到城外高地眺望，见城中确实空虚，但又隐隐约约看到了郑国的旋旗甲士。公子元认为其中有诈，不可贸然进攻，先进城探听虚实，暂且按兵不动。

这时，齐国接到郑国的求援信，已联合鲁、宋两国发兵救郑。公子元闻报，知道三国兵到，楚军定不能胜。好在也打了几个胜仗，还是赶快撤退为妙。他害怕撤退时郑国军队会出城追击，于是下令全军连夜撤走，人衔枚，马裹蹄，不出一点声响。所有营寨都不拆走，旌旗照旧飘扬。

第二天清晨，叔詹登城一望，说道："楚军已经撤走。"众人见敌营旌旗招展，不信已经撤军。叔詹说："如果营中有人，怎会有那样多的飞鸟盘旋上下呢？他也用空城计欺骗了我，急忙撤兵了。"

贯穿于中国古代计谋中的一条无一例外的原则就是掩盖自己的真实目的，用假象来迷惑和欺骗敌人。在现实生活中有很多表面现象需要我们细心去发觉，如果你一味地只看表面，那么即使机会站在你的面前你也无法发觉。

在纷繁复杂的今天，人的心被层层包裹，人的表象与动机之间常常不一致，为众生在社会中行走带来了很多的麻烦，也为众生运用智慧在竞争中获胜提供了用武之地。它提示众生：要努力学会透过现象看本质，掌握对方的真实动机和活动规律，以便适时调整自己的状态，作出正确的对策反应。

一般说来，众生所做的几乎每一件事都有着比较明确的动机。但是，众生的动机是深藏于内心的，众生只能通过其外在表现来进行分析和判断。而现实的复杂性又告诉众生，人的外在表现与其动机之间并不具有一一对应的关系，也并不能直接反映一个人的真实目的。

事实上，一些人为了达到自己的目的，有意通过制造各种似是而非、欲取还与的假象来迷惑对方，以求在众人不备的情况下最彻底、最迅速地获得胜利。

第一章　能否有真正的喜乐，请先找到自己的心

在社会中行走，不要盲目地去信奉和崇拜他人，不管对方是多么的光彩，多么的诱人。面对人和事物，要学会辨析，并用审慎的态度来对待，不可盲目地去追捧。因为，有时在偌大的光环之中，笼罩在人或事物背后的，往往潜藏着你难以看到的阴影……中秋的满月虽美，却有阴暗的背面……所以，凡事要透过现象看本质，认清事情的实相。

阿弥陀佛（往生极乐净土）

 得喜乐

 喜乐有时会被悲观的心所遮蔽

面对同样的一朵玫瑰花,悲观者会哀叹花下有刺,乐观者会赞叹刺上有花;面对同样的半杯水,悲观者会伤心于杯子一半是空的,乐观者会满足于杯子一半是满的。

一个人的人生是苦是乐,并非是外境所给予的。哲学家爱默生也说:"生活的乐趣,取决于生活者本身,而不是取决于工作或地点。"其实,整个世界,全部是我们心的显现。心态不同,即使面对同一事物,看法也还是有天壤之别。

面对同样的一朵玫瑰花,悲观者会哀叹花下有刺,乐观者会赞叹刺上有花;面对同样的半杯水,悲观者会伤心于杯子一半是空的,乐观者会满足于杯子一半是满的。如果我们不能正视痛苦,心被悲伤、绝望所遮蔽,一味地怨天尤人,哀痛不已,无疑会错失人生中的喜乐。

所以,我们无论身处何种环境、遇到何种挫折,与其悲伤绝望,倒不如静下心来调适自心。

有一个小镇本是个繁华的地方,街道一尘不染,建筑物精致华丽,就连普通人家的庭院里也是干干净净。小镇的居民积极乐

第一章 能否有真正的喜乐，请先找到自己的心

观，过着舒适安逸的生活。小镇因此被评为整个城市中最适宜居住的地方。

然而市政府的一个决定改变了一切。他们准备在小镇附近的一条大河上修建一座水利发电站，地点就定在了小镇的上游。这样一来，一旦大坝建成，美丽的小镇就会被河水淹没，所有小镇的居民都要迁走。虽然市长还没作出最终决定，即使决定了，搬迁计划也要两年后才开始实行，但小镇的居民已经惶恐不安了。小镇上的一个青年不忍心看着自己美丽的家乡被大水淹没，于是决定去找市长，说服他把大坝改建在小镇下游。

临出发前，青年拍了许多小镇的照片，照片里的小镇是如此的美丽而整洁。青年坐了一夜的火车，来到了市政府所在地。市长公务繁忙，没有预约想见到他并不是件容易的事。所以青年一直在那里等了市长一个月。终于，青年见到了慈祥的市长，他说明了情况，描述了小镇繁华美丽的景象，请求市长改变想法。

青年激动地表达了自己的意见，可是市长疑惑地说："据我这两天所知，你们的镇子并不像你说的那样繁华。下面传上来的报告里说：这个镇子经济萧条，街道肮脏不堪，建筑物年久失修，这样的镇子保留的意义是不大的。"

"这怎么可能，您看，这是我出发前拍的照片。"青年急忙拿出照片。市长看过照片后，叹了一口气说："这真的是那个小镇吗？我们拍到的照片跟你的可完全不一样。"市长从文件夹里取出一沓照片递给了青年。

青年看到市长的照片后，认出了照片里的确是自己的家乡，然而小镇上曾经的美丽已经面目全非了。建筑物上伤痕累累，街道上堆满垃圾，疏于打理的庭院中杂草丛生。镇中心冷冷清清，

到处是出租、转让的招牌。照片上的小镇居民也满面愁容，无精打采。

青年吃惊地问："发生什么事？我离开了才一个月，为什么小镇会变成这样？"

这时，市长沉思了一会儿，忽然点了点头，对青年说："我想这是比瘟疫更可怕的原因——绝望，它的破坏力比洪水、瘟疫都厉害得多。当人们心中被绝望、悲伤所遮蔽时，心中的喜乐、希望就会消失不见，就会看不到未来，生活就会完全转变了。"

当我们开始用积极的心态并把自己看成成功者时我们就开始成功了，相反亦然。积极和乐观的精神往往可以控制一个人的命运，甚至一个地区、一个国家的兴衰。仅仅一个月的时间，小镇便失去了昔日的美丽，只因为小镇上百姓的心被悲伤、绝望所遮蔽，失去了创造生活的动力。

有一个商人，与自己年幼的女儿相依为命。商人视小女孩为掌上明珠，非常珍爱她。然而，不幸的是，在商人外出做生意时，强盗烧毁了他的村庄，并绑架了孩童。当这个父亲返回家时，看到残破的房子，遍寻不见自己的孩子，悲痛欲绝。而此时，他看到一具被烧焦的小孩尸体，就认定是自己的孩子。他悲伤得不能自已，为孩子举行了隆重的葬礼，并把孩子的骨灰随身携带着。

一天深夜，勇敢的小女孩设法逃了出来，极尽艰难回到家里，她敲了敲门，而此时，她的父亲正辗转难眠，抱着骨灰哭泣呢。

"是谁在敲门？"他无力地问。

"爸爸，是我，你的女儿。"

"不要开玩笑了"，年轻的父亲愤怒地说。因为他坚信自己的

第一章　能否有真正的喜乐，请先找到自己的心

女儿已经被烧死，就认定这是他人的恶作剧。他不顾小女孩的苦苦哀求，拒绝承认那是自己的孩子在敲门。最后，小女孩只得离开，而这位父亲也永远失去了他的女儿。

这位父亲的行为看似很荒唐，竟连自己最爱的女儿的声音也听不出。但是，由于这位父亲的心，被悲伤、绝望与自责遮蔽了，他听不出是自己的孩子在敲门，因而拒绝开门，从而永远失去了自己的孩子。

有时我们视某事为实相，而且是绝对的实相，我们加以执著，无论如何都不肯放手。那正是我们被困住的原因。即使实相亲自来敲我们的门，我们还是拒绝开门。执著己见，是得到喜乐最大的阻碍之一。

生活中，不会总是阳光明媚的春天，也会有阴冷的冬天；不会总是晴朗灿烂的日子，也会有淫雨霏霏的季节。在阴冷的冬天，在阴霾的雨季，在寒冷的长夜，不能焦躁，不能气馁，更不能悲观、绝望，要默默等待，默默忍耐，默默坚守。只有这样，才能走出冬季，迎来春天的鸟语花香；才能走出雨季，迎来晴朗的蓝天白云。人生是一个成长的过程，更是一个经历苦难的过程，只有承受得起生活中的苦难，才能绽放耀眼的美丽。

鲁迅先生曾经有过这样的一段发人深省的话："真的猛士，敢于直面惨淡的人生，敢于正视淋漓的鲜血……"是的，每个人，从出生到成长，每一天，每一件事都是未知的，我们必须经历的。既然活着，就要敢于面对未知的明天，敢于追求未来，勇士会用坚强的心来承担生活中的苦楚。拥有这样的勇气，伤痛会涅槃成为一种成熟的智慧。拥有这样的智慧，才能读懂人生，才能让喜乐常驻心中。

 得喜乐

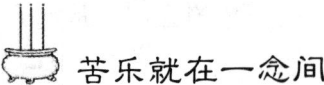 苦乐就在一念间

人的一生都在追求喜乐，努力减少痛苦，可是往往舍近求远，舍本逐末，不知道苦乐只是一念之间，很多时候，你认为快乐就是快乐，你认为痛苦就是痛苦。

纽约，被称为世界上最繁忙的城市，是世界的"首都"。我来此讲佛，尚未感受到纽约的人文风采之前，已先见识其交通的百态。其拥堵状况，比起北京有过之而无不及。每周三我必须通过曼哈顿的海底隧道到新泽西州上课，车子经常在隧道50米处的苏活区塞车，一旦塞车时常会滞留原地近一小时不动，其间此起彼落的喇叭声不绝于耳，甚至一按便是几分钟之久。

坐在车中的我突然于心不忍，生活在最繁华的城市中，却不能安然享受生活，纽约人一定要有更多的生活智慧，才不至于丧失了喜乐的本能。开车送我的义工也是烦躁不堪，他突然问："怎样才能在如此扰人的喇叭声中，像大师您一样，保持好心情呢？"其实方法甚多，就看你决定怎么想，用什么法门了。

有一位老人，她有两个女儿。在女儿成年后，大女儿嫁给洗衣店的老板，小女儿嫁给雨伞店老板。这本来是件好事，可是谁

第一章　能否有真正的喜乐，请先找到自己的心

想两个女儿出嫁后，老人就开始愁眉不展。

在遇到晴天的时候，她担心雨伞店的生意不好，会让小女儿的生活不稳定；在遇到雨天的时候，她又担心洗衣店的衣服晒不干，会让客人不满意。这使她每天都处于忧郁之中。

有一个聪明人看出老人的担心，于是对她说："您的命可真好啊！在晴天的时候，您大女儿洗衣房的生意多好呀，每天她店里都是人来人往的；而且，就算是雨天您也不用发愁，因为在这样的天气里，人人都想要一把雨伞，您小女儿店里的生意又会红红火火。不管什么天气，您家女儿的生意都好得不得了，您可真是好福气呀！"

老人听了这个聪明人的话，不管天气怎么变，她都高高兴兴的。天气依然变化，只是老人的想法一变，心情也就跟着变好了。

当我们面对外境时，看待问题的角度不同，所得出的结果也不尽相同。就如英国文学家约翰·米尔顿在其不朽史诗《失乐园》中曾写过的一段话：境由心生。心之所向，可以使地狱变成天堂，天堂沦为地狱。可见，心态对于人是何等的重要。

唐代禅宗六祖惠能大师亦说："一切福田，离不开自己的心。能从自己的心田去寻找，是没有得不到感通的。"所以，相随心转，境随心转，命自己立。所谓"三界唯心，万法唯识"，心念一转，日日是好日，苦乐只在一念间。正所谓"一念天堂，一念地狱"，道理就在于此。

中国有个著名的画家，俞仲林，最为擅长画牡丹。于是有人找他画了幅牡丹图，欢喜异常地捧回家挂在了客厅。一日，这人的一个朋友登门拜访，看过这幅牡丹画之后大喊不妙。他说，牡

 得喜乐

丹代表富贵,而这幅画中的牡丹却缺少了一边,这不是富贵不全吗?这人听完之后大惊失色,连忙取下牡丹图再去求俞仲林把牡丹图画全。当俞仲林听了这人的解释之后,不以为然地笑了笑说,既然牡丹代表富贵,那这幅牡丹图缺少了一边,岂不意味着富贵无边吗?这人听了俞仲林的解释后,又捧着画开开心心地回家了。

同一幅画,却有两种不同的看法,相伴而生的是两种相反的心情。如果只盯着事情不好的一面,自己就会永远陷入痛苦的泥潭;如果换一个角度去想,你的心情自然会豁然开朗。凡事若能尝试从正面思考、以积极的态度来面对,即刻就会柳暗花明,峰回路转。

人的一生都在追求喜乐,努力减少痛苦,可是往往舍近求远,舍本逐末,不知道苦乐只是一念之间,很多时候,你认为快乐就是快乐,你认为痛苦就是痛苦。我们虽不能改变自己外在的环境,却可以创造心境。当以后我们再次听到令人烦躁的喇叭声时,就可以改变自己的心境,不因外在而影响自己喜乐的心情,打造一个全新的自己。

第一章　能否有真正的喜乐，请先找到自己的心

给自己留点心灵空间

当你成功时，留点心灵空间给思索，莫让喜悦冲昏头脑；当你痛苦时，留点心灵空间给快乐，莫让痛苦占满你的心田；当你孤独时，留点心灵空间给友谊，莫让烦恼永驻心间。

生活在物欲横流的社会里，穿梭于为名为利汲汲奔走的人群中，有的众生的心常常被凡尘琐事捆绑、塞满。为了钱，有的众生东西南北四处奔波；为了权，有的众生拜高踩低随波逐流；为了欲，有的众生患得患失痛苦不堪；为了名，有的众生郁结难舒夜不能寐。皆难有喜乐在心。

世间的名誉和财富是人生的一大诱惑，但是，刻意谋求往往去之甚远，正如"有意栽花花不开，无心插柳柳成行"，面对纷繁复杂的世界，弥足珍贵的是保持一颗平常的心态，远离喧嚣和浮躁，在心中保留一个转圜的空间。

柳生又寿郎拜剑道大家宫本武藏为师。行完拜师礼，柳生迫不及待地问："师父，以我的根基，何时能练成一流剑客？"

宫本想了想，郑重地说："大概要十年。"

"啊！十年，太久了！"急于成名的柳生失望地说："师父，

 得喜乐

我是一个意志坚强的人,如果我加倍努力地苦练呢?"

"那么,需要二十年。"

柳生大惑不解,继续追问:"假如我夜以继日、废寝忘食、一刻不停地用功呢?"

"那么,你三十年也不会成功。"

柳生越发不解,又问:"为什么越努力反而成功越缓慢呢?请您告诉我,这是什么道理?"

宫本说:"如果你的两只眼睛死死盯着'成功'二字,哪里还能看清自己呢?所谓一流剑客,要永远保留一只眼睛看自己。"

柳生惊得满头大汗,恍然大悟。后来,他以平常心努力练剑,终成绝顶剑客。

一个人眼中只看到名利,忙着跟人比较计较,忙着推翻别人,树立自己,让自己时刻处于紧张的状态,不给自己的心转圜的余地,又怎能感受喜乐的美好。人们常说,一个人的快乐,不是因为他拥有得多,而是因为他计较得少。多是负担,是另一种失去;少非不足,是另一种有余;舍弃也不一定是失去,而是另一种更宽阔的拥有。美好的生活应该是时时拥有一颗轻松自在的心,不管外界如何变化,自己都能有一片清静的天地。

然而,人海茫茫,世事纷繁,天地万物,众生百态。当今社会,人们为立足生存,或苦于生计,劳碌奔波;或追名逐利,热衷于迎来送往,觥筹交错的喧哗;或沉湎于麻将、扑克的寻欢作乐中;或流连于闲言碎语、蜚短流长的钻营传播里……总之,心灵的空间被挤得窄窄仄仄的,时刻会有倾斜崩溃的可能。

世人常常感到累,或许在于把自己看得过于重要,把手头的事物和心头的愿望看得过于重要了。我常对弟子们说四个字:

032

"闲闲地忙"。只有把心放平，把欲放淡，承认自己是个平凡的人，那么，身再忙，心也是悠闲的。

著名的散文家周国平说过："心灵的空间是一个快乐的领域，其中包括创造的快乐，阅读的快乐，欣赏大自然和艺术的快乐，情感体验的快乐，无所事事的闲适和遐想的快乐，等等。"众生心难快乐，对名利和钱物的追求使众生欲壑难填，从而让众生充满了焦虑。快乐则是生活的最佳境界，要留有适当的心灵空间才能体会快乐。

人有喜有悲，有爱有恨，给自己留点心灵空间，会使自己的心灵畅快无比。当你成功时，留点心灵空间给思索，莫让喜悦冲昏头脑；当你痛苦时，留点心灵空间给快乐，莫让痛苦占满你的心田；当你孤独时，留点心灵空间给友谊，莫让烦恼永驻心间。人生就是这样，喜怒哀乐演绎一生。痛苦可以忍受，泪水可以恣情，但绝对不能向困难低头，当生活把你逼近狭路时，只要留点心灵空间给自己，只要心灯是亮的，曲径也会变成阳光大道。

当生活步调越紧凑时，就要提醒自己，去掉那些沉疴，时常回到心灵的空间透透气，再热情地接受和拥抱新生活，你会惊喜地发现，你的世界原来别有洞天，五彩纷呈；你的世界也因你心情的亮丽，而变得那么的绚丽多姿，喜乐常在。

得喜乐

耕耘心田，必有收获

每个人的心里都有慈悲、智慧、信仰、力量、惭愧等宝藏；耕耘心田就是要真心待人慈悲、真心精进修行、真心改变气质、真心减少烦恼。

在现实生活里，勤劳的人甚至用土石填海，增加海埔新生地；透过垦荒辟地，开发山林来种植花果。在一般的田地里，可以播种、可以栽植、可以建筑、可以积物。同样，在众生的心田里，如何耕耘？又该培植一些什么呢？

在《杂阿含经》里记载：

有一天，佛陀去一座村落化缘，在村边碰上了一位婆罗门农夫。当时已近中午，婆罗门农夫正在分送食物给五百位犁田的人，见佛陀正托着钵远远走过来，他故意大声为难佛陀说："佛陀，我今天努力耕田下种，才能得到食物，你也应该像我一样耕田下种，才有资格得到食物呀！"

佛陀并不生气，只是说："我也是耕田下种来获得我的食物的呀！"

婆罗门农夫说："我们从没看到过你下田耕作，你说你也下田，那么你的犁在哪里，你的牛在哪里，你的牛鞭又在哪里，你

第一章　能否有真正的喜乐，请先找到自己的心

播的又是什么种子，你又是如何耕田的呢？"

于是，宽容慈悲的佛陀为咄咄逼人的婆罗门农夫和围聚在旁的人们说了一首偈：

信心为种子，苦行为时雨；
智慧为犁轭，惭愧心为辕。
正念自守护，是则善御者；
包藏身口业，如食处内藏。
真实为车乘，乐住无懈怠；
精进无废荒，安稳而速进；
直往不转还，得到无忧处。
如是耕田者，逮得甘露果；
如是耕田者，不还受诸有。

这首偈译成白话就是：
信心是我播的种子，苦行是灌溉的雨水；
智慧是我所耕的犁，惭愧心是我的车辕。
我以正念守护自身，如同驾驭我的耕牛；
抑制身口意的恶业，就像我在田里除草。
我用真实作为车乘，乐住其中而不懈怠；
精进耕作而不荒废，并且安稳快速前进；
我一直前进不退转，到达了无忧的所在。
这才是真正的耕田，能耕植出甘露果实；
这才是真正的耕田，不再受轮回的痛苦。

婆罗门农夫听完大为感动，禁不住赞叹说："您才是世界上

最会耕田的人呀！"于是，盛满了最丰盛的食物来供食佛陀。

佛曰：心田不长无明草，性地常开智慧花。胡适之说：要怎么收获，先怎么栽培。心里的田地要开发才能播种、才能生长、才能收成。你希望你心田里生长慈悲智慧呢，还是生长愚痴邪见呢？就看你如何耕耘你的心田了！

你希望你的心田里生长出聪明、灵巧、颖悟、通达，你只要播撒智慧的种子，何患无成？如果你希望能收成人缘、吉祥、平安、顺利的果实，你只要播撒慈悲的种子，必能如愿！每个人的心里都有慈悲、智慧、信仰、力量、惭愧等宝藏；耕耘心田就是要真心待人慈悲、真心精进修行、真心改变气质、真心减少烦恼。

人在俗世红尘中待得久了，心田里难免会沾染上许多杂乱的种子，慢慢就会滋生出荒草和野稗。通过耕耘，剔除杂乱，播撒良种，就能变荒芜为春意盎然；只有勤耕细耘，心田才不会荒芜，不会板结，才不会长出杂草野蒿；只有耕耘，我们的心田才会长出智慧的菩提，才会生出高洁的荷花——而这扶犁耕作的人正是我们自己！

用自己的智慧去耕耘人生，去启发别人，从中收获成果，这样我们才不会觉得惭愧。

唐代白居易的《狂吟七言十四韵》诗曰："性海澄渟平少浪，心田洒扫净无尘。"不论每个人能够获得什么，人生最重要的是心田耕耘。面对纷繁复杂的环境和各色各样的诱惑，唯有及时耕耘心田，拿起自律的锄，拔除心中的杂草，打开淡定的胸怀，播撒美好的种子，才能获得积极健康、丰硕饱满的喜乐人生。

"世路之蓁芜当剔，人心之茅塞须开。"勤耕心田，才会去浊留真，把心灵经营成真善美的花园。

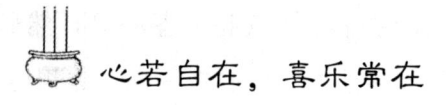

第一章　能否有真正的喜乐，请先找到自己的心

心若自在，喜乐常在

一个人自在的心境就如同水一般可以适应任何环境，不抱怨外在的世界，而是不断调试自己的内心，这是智者生活的方式。

人活一世，总想要快乐地度过一生，然而，大部分众生都难以感受到快乐。即使欲望的满足能带来短暂的快乐，也不是真实的快乐。真实的快乐来自于自在的心，只有让"心"获得自在，才会有真正快乐的一生。

自在的心像虚空一样，虚空能涵容一切，但虚空却不会粘着一切。自在的心像明亮的圆镜，明镜能鉴照一切，但不会附着一切。没有尘埃的粘附，便是白云蓝天。

如《心经》所言："观自在菩萨，行深般若波罗蜜多时，照见五蕴皆空，度一切苦厄。"因为自在的心能度一切苦厄，所以才会带来真实的快乐。

在南非有许多贫困的黑人，住在垃圾堆、垃圾场里。下雨时，就靠着那些垃圾来遮雨；日晒时，垃圾所散发的臭气熏着他们。不管是刮风、下雨或是毒日头，他们都与垃圾为伴。

但是，他们却很快乐！他们有得吃时，吃饱后就很安然地睡

得喜乐

觉！如果没得吃，就在垃圾堆里翻找残余的食物，吃饱后依然唱歌、跳舞，自得其乐。

有一年，慈济法师募集衣物、食品送到南非帮助他们，大约有十万人受惠。当时，他们举行了"和平烛光晚会"感恩慈济法师。之后每年四月初，再度举行"纪念感恩会"，表示他们长期感恩于心。

当天"和平烛光晚会"，由慈济法师点起一盏心灯，然后传给在场的人，虽然大家来自不同的地方，但心灯一样盏盏相传。

每个人心中都有一份感恩，付出的人感恩受施的人；受施的人感恩付出的人，这种受和施相互感恩，真是人生一大快乐啊！所以说，贫困的南非黑人，虽然整日与垃圾为伴，生活却自得其乐，只因心中常存感恩、知足、知福，心若自在了，处于何种境界都能喜乐自在！

《菜根谭》中有云："君子如水，随方就圆，无处不自在。"一个人自在的心境就如同水一般可以适应任何环境，不是去抱怨外在的世界，而是不断调试自己的内心，这是智者生活的方式。但是，人心是复杂的，当快乐时，能够容纳世上所有负面的东西，心胸像大海一样宽广，人的慈悲心、良心、智慧全出来了；而一旦心被负面力量所侵占，一切都如腾云驾雾，完全迷失了，可能会做出令人意想不到的事。因此，可以说人心是一体两面的，即佛性和魔性，但是我们的内心，又是我们能够掌控得了的。

当然，对财富的贪心和对权利的迷恋，实际克制起来也许并非易事，然而，此时我们要做的是要看透自己的心灵，明白我们本来就一无所有，认识到自己的心灵如同明台一样，本来就空无一物，那么一切的迷惑和贪恋就不会产生了。

当心不执著，烦恼无由更上头；观心自在，苦海无波任悠游。

第二章

日日布施，喜乐日日相伴

　　佛家修行有"六度"之说，第一个度就是布施，第一个要修的也是布施。无所求的布施，才是真正的布施。布施不仅是"身"的行动，"心"和"意"也一起行动，因此，带来的是真正的喜乐。而所谓布施，有眼施、言施和心施……通过布施，可以施与众生乐，布施主要表达了一种慈悲心意，可治吝啬、贪爱……可谓是日日布施，喜乐日日相伴。

布施能唤醒人的良知。存一个布施的念头，就会喜乐每一天。

第二章　日日布施，喜乐日日相伴

即使你身无分文，也可以布施

布施是不论财物多少的，在生活中给人一个微笑，一句爱语、赞叹，甚至一份欢喜，又何尝不是布施？每个人都可以做布施，即使你身无长物、一文不名，只要你有一颗善良的心就足矣。

日常生活中，只要人们谈到"布施"二字，就想到捐钱、捐物……有的人觉得自己并不富裕，生活很拮据，老人看病需要钱、小孩上学需要钱，生活好像离开了钱就不转了，整日为了拿不出多余的钱来布施而愁眉苦脸。其实这是众生一种误解，也可以说由于众生对佛法的知之甚少，造成一种错误的观念。

佛祖绝对不会以众生财物的多寡论众生功德的大小。如果众生不能免俗，非要以布施财物的多寡来衡量功德大小的话，那就偏离了佛祖超脱的本义，布施也就失去了意义。佛祖告诫众生布施，其实是让众生有一种向善的精神和真诚的信念。所以说，不论布施的财物多寡，有心才是最重要的。

在《贤愚经》里有这样一则故事：

在王舍城旁，有位极其穷苦的老太太，名叫南陀。在佛诞的时候，南陀很想供奉一盏灯火，可是她没有多少钱财，只好买了一点

得喜乐

灯油。南陀就带着那盏小灯，到佛寺里点燃灯火诚信参拜。说来也奇怪，那天晚上城中无故刮了一阵强风，将所有供奉佛祖的灯火都熄灭了，唯有南陀的那盏小灯依然在那里燃烧，大放光明。

故事虽然传奇，但也可看出其中的道理：重要的并不在于财物的多寡，而是在于你的心是否真诚。

所以，千万不要以为，布施非有财物不可。事实上，除了钱财、物品之外，我们还有很多其他的东西算得上是极好的布施，如教导别人一点儿知识，对他人表现自己的一份热情，这都是布施。

有个穷困潦倒的年轻人跑到佛祖面前哭诉："佛祖啊佛祖，我无论做什么事都不能成功，这是为什么呢？"

佛祖告诉他："这是因为你没有学会布施，不懂得奉献的道理啊。"

这个年轻人听了佛祖的话，很惊疑："可是，我是一个穷光蛋，本来就一无所有，还讲什么奉献，说什么布施呢？这岂不是很荒谬吗？"

佛祖摇了摇头，笑着说："并不是这样的。即使没有钱，也可以给予别人七样东西：第一，眼施；第二，言施；第三，心施；第四，颜施；第五，身施；第六，座施；第七，房施。"

佛祖向年轻人一一解释了七种布施，微笑着对他说："凡人有此七种布施，喜乐、好运便会如影随形。"这个年轻人了解七种布施之后，依言而行，人生自此改变，最后成就了一番事业。

有人或许觉得这个故事玄虚，不能当真，可实际上佛祖所说的七种布施确实是人生中极为重要的交际法则。

第一种眼施。其实就是教导我们要用柔和、善意的眼神去看别人。眼睛是心灵之窗，当你用善意的眼神看别人，对方能感受

到善意；而当你恶狠狠地瞪别人，对方自然不会对你有好眼色。有时候一个恶意的眼神甚至能够撩拨起他人的怨恨，若对方是个脾气不好的人，说不定因此就恨上你了。所以，善意的眼神是很重要的布施。

第二种言施。什么是言施？简单地说，要好言好语，避免恶言恶语。当别人没有信心时，说鼓励的话为对方加油；当别人遇到悲伤的事情时，说安慰的话安抚对方的心灵；在平时与人交往时，常说赞美的话。这些都是话语的布施。你说自己比较穷，没有钱去布施，那就学会说好话吧。赞美别人，用话语鼓励别人、安慰别人，这就是极好的布施。

第三种心施。心施指的是善心的布施，起心动念对别人心怀善意，这也是一种布施。事实上，这种布施是所有布施的基础。没有善心善念，也就不会有布施了。生活中有人要出手帮助别人，对方说："你有这个心，我就很感激了。"这个心就是助人的善念善心，只要你有这样的善心去待人，就是一种布施。

第四种颜施。颜施则是指保持和颜悦色，给别人一个好脸色。这样做不仅可以让与你相处的人如沐春风，使双方的关系更融洽，还有利于你的健康。若你不会笑，总是一张"苦瓜脸"，或是一张不苟言笑的"阎王脸"，长久以往，不但心理上会失去健康，而且生理上也会产生变化。总是绷着脸，脸部的肌肉就会变得僵硬，面部血液循环也不好，自然皮肤也会没有光泽。所以，你应该对人保持和颜悦色，经常笑一笑。

以上四种布施可以说没有什么耗费，每个人都能做到，可以经常做。

另外，还有三种布施：身施、座施和房施，则可以量力而

得喜乐

行。身施就是以行动帮助人，比如帮人干活、办事，给别人跑跑腿。不要回报，诚心实意地为别人做一些你力所能及的事情，结个善缘，这就是身施。座施就是把自己的座位提供给别人，这也是力所能及的事情，若有所不便也不必强求。至于房施，就是提供房子给别人住，这个似乎在现在看来不容易，也不用勉强。

总而言之，布施是不论财物多少的，财物布施只是布施的一方面，在生活中给人一个微笑，一句爱语、赞叹，甚至一份欢喜，又何尝不是布施？所以说，用来布施的东西有很多，每个人都可以做布施，即使你身无长物、一文不名，只要你有一颗善良的心就足矣。

药师佛（医治疼痛）

第二章 日日布施，喜乐日日相伴

怀着清净心、平等心和慈悲心布施

要做真正的布施，需要具备一定的素质和涵养。如果没有平等心，就没有真正的布施；如果没有真正的布施，也就无法成就真正的功德。

有的人布施，会有分别之心。打个比方，看这个人穿得体面有身份，就有心去帮助，而看那个人穿得破破烂烂，则不屑一顾。这样的心态是不对的，抱着这样的心态所做的布施是不净布施。

《金刚经》说："应无所住，行于布施。"就是说，在布施的时候，应离一切相，心中不住色，不住声香味触法，没有分别心，而怀着平等心去布施。

有位老教授过生日，朋友们为他在一家高档餐馆举办一个小型的生日宴会。晚餐过后，女服务员为他端上了一个精致的生日蛋糕。当这位老教授吹灭了蜡烛之后，朋友们将刀递给他，让他分切蛋糕。

参加宴会的，包括这位老教授在内共有七个人。但朋友们发现，这位老教授却将蛋糕切成了八份，他们认为也许是老教授年纪大了，没弄清楚人数，或为了切蛋糕方便，顺手就这样切了。

老教授亲自为在座的每位客人端上了一份生日蛋糕，并诚挚地表达了他的感激之情。最后，摆在老教授面前的还有两块蛋糕。朋友们都以为，他要独自享用这两份蛋糕了。

然而，老教授并没有吃蛋糕的意思，他将一份蛋糕置入盘中，端起来，径直走向那位女服务员，真诚地说："这一份是给你的，姑娘，感谢你一晚上周到的服务！"

女服务员和老教授及其朋友的身份相差很大，却可以同样享用这位老教授的生日蛋糕，老教授的行为让大家都十分敬佩。

国不分大小，人不分贵贱，都应当得到平等的尊重和爱护。

布施也应该这样，不能分彼此。身份虽然有别，但人格没有分别。

攀高结贵的布施做起来很容易，基本上每个人都能够轻易地做到，而布施给那些穷困、没有社会地位的人，则显得有些困难。在许多人的潜意识里往往会觉得这些穷困、身份低微的人无关紧要，就算帮助了他们，也得不到回报。

在这种怀揣分别心的情况下，布施变质了，变成了功利性的交易，这不是佛法的真义。要做真正的布施，需要具备一定的素质和涵养。如果没有平等心，就没有真正的布施；如果没有真正的布施，也就无法成就真正的功德。

南北朝时期，台山灵鹫寺每到三月都会举行斋会，无论信徒与否，不分老幼贫富，甚至乞丐都可以平等地参加，饱食一餐，以表示佛法平等，无人我之分别。

这一天，来了一位贫穷的女子，抱着两个小孩，后面还尾随着一条狗，除此之外，她没有其他东西了。

第二章　日日布施，喜乐日日相伴

她到灵鹫寺斋会现场，却还没有到用斋的时候，由于身无分文，她不好意思白吃，便把头发剪了下来，以做布施。

贫穷的女子对住持说："我身无分文，只有这些头发，请不要拒绝。"

住持点点头道："好的！施主从哪里来？"

贫穷的女子回答："从来处来。"住持愣了，他没想到这女子的回答会充满玄机。

女子接着说："我还有很急切的事情要到其他地方去，您能否先分一些食物给我？"

住持想了想，答应了女子的请求，取出三份食物，给女子和两个幼儿一人一份。

但是女子吃了食物之后，又说："大师，您看，我这还有一只狗，也没有吃东西，您老慈悲……"

住持无可奈何，只好再拿了些食物出来。可这时，女子又说："大师，我这肚子里的小孩也饿了，也需要吃东西……"

住持再也忍不住了，怒斥道："你到出家人的地方乞食，出家人大开方便之门，这也没有什么大不了的，但你却贪得无厌，实在太过分了。你肚子里的小孩根本还没有生出来，难道说他也能进食？"

女子默然，半晌之后，说了一偈："苦瓜连根苦，甜瓜彻蒂甜，三界无着处，致使阿师嫌。"说完之后，女子立刻腾空而起，化成一尊菩萨，原来是文殊菩萨。只见那两个幼儿此时已经变成两位侍者，而那只狗则变成一只金毛狮子。

住持呆住了，十分后悔。然而，菩萨的身影已经慢慢地消失在空中，隐隐约约只传来几句话："众生学平等，心随万境波，百骸俱舍弃，其如爱憎何？"

这几句话的意思是说：你们但知学佛要有平等布施之心，虽无可厚非，却控制不了自己的心识波动，随着境界而流转不停。虽然明知要舍下这个外在的身体，无奈你们心中仍然存着爱、憎之心，这又有什么办法？又怎么能入道呢？

没有清净平等心，而以爱憎分别心去做布施，必然是没有功德的。佛告诉大家要布施，行为只是外显，真正的目的就是要培养布施的内在精神，也就是清净心、慈悲心、平等心。

所以，不要戴着有色眼镜布施，而应该怀着清净心、平等心和慈悲心去做布施，这样才能培养你的心灵，让你真正地获得清静自在。

定光佛（解救众生）

第二章　日日布施，喜乐日日相伴

慈悲心，布施的第一要义

布施要有大慈大悲的理念，应该不分种族、不分国家、不分信仰、不分善恶、不分亲疏，对一切苦难的民众予以诚挚、平等的关怀和救助。

释尊于菩提树下修行，正好有一只饥饿的老鹰在追捕一只可怜的鸽子，鸽子四处飞逃，没有注意，就撞到释尊的怀里去了。

老鹰要释尊交出鸽子。释尊慈悲心起，把鸽子伸手握住，藏在怀里，然后对老鹰说："请你放过它吧。你捕食有千万种选择，而鸽子的命却只有一条啊。"

老鹰说："您说得很有道理，但我饿坏了，不吃他的话，我现在就要饿死。您大慈大悲，救了这鸽子一命，难道就忍心我老鹰饿死吗？"

释尊说："我不忍你伤害这无辜的鸽子，也不想你白白饿死。我不入地狱，谁入地狱。"说着，释尊就取出一杆天平，一边放鸽子，另一边放上从自己身上割下来的肉。然而，这鸽子看上去虽小，但无论释尊割多少肉，都无法托起它的重量。

一直到释尊将身上最后一片肉割下来，放在天平上，天平才终于平衡了！这时，天地风云为之变色，释尊的肉身开始重新塑造，佛祖诞生了。

经云："无缘大慈，同体大悲。"佛家讲慈悲，实是一种大爱之心。就如同儒家所说的，"老吾老以及人之老，幼吾幼以及人之幼"。

帮助弱者，救护弱小，这是佛祖的精神，也是布施的一种。没有大慈大悲的心，是无法做到的。

在一所医院里，一位急切的护士领着一名疲惫的姑娘来到一位老人的病床旁边。

护士低下头，对迷迷糊糊的老人说："老人家，您的女儿来看您了！"护士说了好几遍，老人的眼睛才睁开。

这个老人患有严重的心脏病，注射了很多药物，但依然没有太大的效果。这时，老人或许听到了护士的声音，他费力地睁开了双眼，模模糊糊地看到一位年轻的姑娘站在氧气瓶旁边。

老人颤颤巍巍地伸出一只手，姑娘已经紧紧地握住了老人干枯、瘦弱的手，用无声的语言传达着安慰。

护士为姑娘搬来了一张椅子。姑娘就这样握着老人的手坐了下来，一整夜没有合眼，陪伴在光线暗淡的病房里，给老人鼓励和安慰。

护士来过好几次，不时地提醒姑娘休息一会儿，但她都拒绝了。将近黎明时，老人安详地去世了。这时，姑娘才放下老人的手，走出去通知护士。当护士来处理时，姑娘就在旁边等待。

最后，护士把一切做完后，开始安慰她："姑娘，节哀，不要难过，老人家走得很安详。"

但是，姑娘却奇怪地对护士说："不好意思，请问您能告诉我，这位老先生是谁？"

护士吃了一惊，说："难道他不是你的父亲吗？"

姑娘摇了摇头，说："不，我从来没有见过他。我的父亲除了胃部有点不舒服之外，身体很健康。"

"那么，为什么刚才你不说呢？"护士有些纳闷，不知道是怎么回事。

"您叫我来守候老人时，我已经知道这其中或许有些误会，但我更知道这位老人需要他的女儿，他希望女儿守候在他的身边，而他显然已经病得认不出自己的女儿，所以我就决定留下来。"

看到老人、病人行动不便，就会想到自己年老、患病时，因而对他们产生悲悯之心，并给予帮助；看到弱者、孩子被欺负，就想到自己被欺负时，从而对他们生出同情之心，而施以援手。这都是慈悲心肠的根源。

布施要有大慈大悲的理念，应该不分种族、不分国家、不分信仰、不分善恶、不分亲疏，对一切苦难的民众予以诚挚、平等的关怀和救助。

《华严经》中有云："于诸病苦，为作良医。于失道者，示其正路。于暗夜中，为作光明。于贫穷者，令得伏藏。"以"不为自己求安乐，但愿众生得离苦"为行愿，以人为本，积极入世，展开扶贫救济、医疗治病、赈灾克难、敬老恤孤、助学扶教等各项慈善事业，使社会民众的内心充满慈悲和仁爱，这才是真正的大慈悲心。太阳因为辐射热能而给人温暖，花朵因为散发芬芳而令人喜悦，大海因为包容万物而被人重视，人生因为积聚慈悲而受人尊敬。只有你拥有了慈悲心，才能真正掌握布施的第一要义。

得喜乐

自愿、情愿的布施

献爱心、做布施，应该是心甘情愿的，只有自觉自愿地做，这才是好事一件。若因为别人的规劝，才违心去布施，心里面扎着根刺，反而不美。

有人布施了之后，心里不仅没有喜乐，反而心痛懊悔，这样不但没有布施的功德，而且带来了无边的烦恼，可谓得不偿失。故布施应有所注意，应自愿顺心才是。请不要随便劝别人布施，以免造成烦恼。

有个人年轻时学佛，他人有困难，他总是会站出来帮助对方，大家都知道他乐善好施，很佩服他，也比较买他的面子。所以，只要他捐助，总有人支持，纷纷捐助。

但是，后来这位年轻人遇到一位老和尚，老和尚却劝他不要再替别人去化缘了。开始他迷惑不解：鼓励大家帮助别人，不是好事一件吗？为什么不做呢？

老和尚告诉他："有句老话说得好：劝人出钱，如钝刀割肉。人家虽然给了你面子捐了钱，但是他的心里不见得情愿，说不准心里有多难过啊！"

第二章　日日布施，喜乐日日相伴

也就是说，布施讲求的是自觉自愿的心，若强求就落了下乘。所以，平时和别人谈布施时，不要劝别人布施。有些人把钱送出去以后，越想越后悔，越后悔越睡不着，这种就算布施了也无多大意义，"如是施者，非净布施"。

有个大魔王在某地方作怪，连孙悟空都降伏不了。后来，孙悟空求到了西天，佛祖便派了个小和尚来。

那个魔王见了小和尚，一脸不屑，根本不把他放在眼里，小和尚说："我此行不是来收服你的，只是有个东西给你看，请你务必随喜，帮个忙。"说着，小和尚从背上的黄布包袱里拽出一本化缘簿，对魔王说："居士，请你多少写一笔吧！"那个魔王一看，"哇"的一声就跑掉了。

所以，献爱心、做布施，要讲求自愿。需要我们献出爱心的时候很多，但无论怎么献爱心，都应该是心甘情愿的，只有献爱心的人被真正感动了，自觉自愿地做，这才是好事一件。若因为别人的规劝，才违心去布施，心里面扎着根刺，反而不美。

总而言之，布施都是自己的事情，不要随便劝别人。你自己布施的时候，不要劝别人布施，你可以告诉对方，自己做布施的原因和事情的原委，但不能强求别人也如你一般感动，更不能指望别人也如你一般做布施。懂得了这些，你才是一个具有真正慈悲心肠的人，更是一个懂得布施之道的智者。

学会布施，从给予中获得喜乐

每天做一件力所能及的善事，让周围的人享受到你的劳动、真诚和快乐。当自己的付出在别人那里产生回响，我们的心里会产生一种被别人需要的成就感，并获得极大的满足。

宋代理学家朱熹有句诗非常有名："问渠哪得清如许？为有源头活水来。"这话其实只说对了一半，光有源头的活水还不行，渠尾还要能够往外放水才行，把污水放出去，这样水渠里的水才会变清澈。

巴勒斯坦有两个海，一个名为加利利海，一个名叫死海。同样是接受约旦河的水，但这两个海却如此的不同。

加利利海在阳光下歌唱，人们在海滩周围盖房子，鸟儿在茂密的枝叶间筑巢，每种生物都因它的存在而幸福。

而死海的状况恰恰相反，没有鱼的欢跃，没有树的繁茂，没有鸟类的歌唱，也没有人们的欢笑。这里水面空气凝重，没有哪种动物愿意在此饮水。

为什么会这样呢？不是约旦河偏心，不是土壤不同，而是因加利利海每流入一滴水，就有另一滴水流出，加利利海因为能够给予，而生机勃勃；反观死海因为吝啬而死气沉沉。

换言之，人生不能只获得，还要会付出。你若想得到喜乐，使人生充满朝气，就要像加利利海一样，学会给予，懂得奉献。

给予别人帮助，能让你的内心得到满足。在别人感激的目光中，喜乐会在你的心中油然而生。当你付出自己的爱心时，也会得到别人的爱心回应和感激之情。

有一个一贫如洗的人，到庙里乞求佛祖，希望得到好运。佛祖给了他一根稻草，他很失望，但是没有拒绝，而是带着稻草上路了。

在路上，他遇到一只蜻蜓。蜻蜓大概是飞累了，停在了稻草上。远远看去，稻草和蜻蜓的结合体就像一只小小的风筝。

他继续走，不一会儿，遇见了卖花女和她的儿子，他就把蜻蜓送给了小男孩，卖花女也回赠他一支玫瑰。

他很高兴地接受了，并继续自己的旅程。不久后，他又碰到一个青年，他把玫瑰转赠给了青年，希望青年以此作为礼物而赢得情人的欢心。青年十分高兴，便送给他三个橘子。

他的旅程没有就此结束，不久后，他又遇见一位干渴的商贩。于是他就请商贩吃橘子。商贩很感激，送给他一捆丝绸。

他又上路了。然后，遇到了一位公主。他便把丝绸献给了公主，公主赐给他一把珠宝。他把这些珠宝卖掉，换了一大片稻田。就这样，一贫如洗的他成了殷实的富户。

因为一开始得到的微不足道，让他学会施舍、奉献和给予。而又因为施舍、奉献与给予，让他得到了他人的肯定，因此，他也得到了别人的帮助。

不要以为自己的举手之劳微不足道，或许你的举手之劳对他

得喜乐

人而言却是帮了大忙。助人的事情无论大小，总是一份爱心。

当然，奉献爱心，不是为了得到什么物质回报，而是让自己的心灵受益，拥有喜乐。如果你做好事，给予别人帮助之后，也能得到什么，也许这份喜乐就是这世上最美好的回报了。

有个国王多年膝下无子，好不容易得了个儿子，十分高兴。他不仅在王子诞生的那天号令普天同庆，大宴宾客，而且对于王子的一切要求都想方设法地予以满足。

即便如此，王子依旧眉头紧锁，郁郁寡欢。国王无奈，贴出皇榜，悬赏寻找能给儿子带来快乐的高人。

一天，有位智者来到王宫，对国王说："尊敬的陛下，我有办法让王子快乐。"

国王欣喜地对他说："如果你能让王子快乐，我可以答应你的一切要求。"

智者说："我什么也不要，我很高兴能为您效劳。但是，请让我和王子殿下单独待一会儿。"

国王答应了。于是，智者把王子带入一间密室中，用一种白色的东西在一张纸上写了些什么交给王子，让他走入一间暗室，然后燃起蜡烛，注视着纸上的一切变化，快乐的处方就会在纸上显现出来。

王子遵照智者的吩咐而行，当他燃起蜡烛后，在烛光的映照下，他看见那张纸上显出一行美丽的绿色字迹："每天做一件善事！"

王子按照这一处方，每天做一件好事，当他看见别人微笑着向他道谢时，他开心极了。很快，他就成了全国最快乐的人。

这是一则有关爱心与快乐的寓言。每天做一件力所能及的善事，让周围的人享受到你的劳动、真诚和快乐，这样就找到了一条抵达喜乐最好的路。当自己的付出在别人那里产生回响，我们的心里会产生一种被别人需要的成就感，并获得极大的满足。

我们应该学会布施，从给予中获得喜乐，使自己的生活充满健康向上的精神。

弥勒佛（欢喜快活）

得喜乐

布施让人放下执念，获得真正的喜乐

要喜乐、要解脱，就要保持内心的清净，清除内心的贪婪、自私和愚昧。从布施入手，慢慢地培养自己的清净心。

有个农夫请无相禅师到家里为亡妻诵经超度，佛事完毕之后，农夫就问："禅师啊，您看我妻子能从这场佛事中得到多少利益呢？"

无相禅师说："佛法如慈航普度，如日光照遍，不只是你的妻子会得到永恒的利益，一切有情众生都会从中受益。"

谁知农夫听了这话，眉头就皱了起来，自言自语道："怎么会这样呢？为什么我家做佛事，别人也要受益呢？"

无相禅师听了农夫的自语，很诧异地问："众生受益有什么不好呢？"

"哦，不是，禅师，您不知道啊，我的妻子非常娇弱，其他众生也许会占她的便宜，把她的功德夺去，您看能不能专门为她诵经超度不要让其他众生得到利益呢？"

无相禅师感叹农夫的自私，但他没有指责农夫，而是慈悲地说："点亮一盏灯，不会只照一个人，就如天上一个太阳，万物皆蒙照耀。点燃自己的蜡烛，然后，用自己的蜡烛去引燃千千万

万支蜡烛,这样光亮就会增加百千万倍,而自己本身的这支蜡烛并不因此减少亮光,何乐而不为呢?"

农夫听了,却摇了摇头,顽固地说:"禅师说得很好,但我还是请禅师破个例,我的邻居经常欺我、害我,能把他排除在一切有情众生之外就好了。"

无相禅师摇了摇头,叹道:"既说一切,何有除外?"

农夫茫然,若有所失。

在这位农夫身上,可以很清楚地看到人性的自私、计较、狭隘。只要自己快乐,自己所得所有,哪管他人的死活?然而,农夫却不知道别人都在受苦受难,自己一个人怎能独享?一灯照暗室,举室通明,何能只照一物,他物不能沾光?

很多众生不愿意布施,与自己内心的贪婪、自私与愚昧有关系。要化解这些人性的弱点,就必须懂得放下与舍得的道理。

做人应放下自己的贪念,舍弃自私的心念,不妨通过布施来培养自己的大爱心、清净心、慈悲心,当你拥有了大爱之心、清净之心和慈悲之心时,你才能消除烦恼,获得人生真正的喜乐。

有的人虽然清贫,却无比的喜乐;有的人虽然拥有巨额财富、无穷的权力,天天锦衣玉食、宝马香车,却烦恼丛生,无法得到喜乐。为什么?只因喜乐需要清净心。能够安守清贫的人,因内心清净而不生烦恼;拥有财富、权力的人,担心自己的财富和权力会失去,且渴望得到更多,内心不能清净,又如何不烦恼呢?

自以为拥有财富的人,其实是被财富所拥有。要喜乐、要解脱,就要保持内心的清净,清除内心的贪婪、自私和愚昧。从布施入手,慢慢地培养自己的清净心。布施掉财富,你的心灵将更富有;布施掉知识,你将获得更多的知识。布施让人获得真正的喜乐。

多布施多结缘，人生才圆满

有的人在路上点一盏路灯跟行人结缘，有的人造一座桥梁衔接两岸与人结缘，有的人送一个时钟跟人结时间缘，只要你有结缘的善心，自然善缘处处在。

佛是讲缘分的，认为人生无处不缘分，凡事都有个缘法。那么，何为结缘呢？佛说：人与人之间，以欢喜心相见，而互相招呼，亦称结缘。佛认为不修好缘就很难有所圆满。所以，佛说："未成佛道，先结人缘。"

朱元璋有一次上山游玩，在山上遇到了一座古寺时，忽觉口渴，正好有个农夫到寺里烧香拜佛，便给朱元璋递了一杯茶。朱元璋十分感激，回京后，将农夫提拔担任一县之长。

当地一名苦读的书生听说此事，心中忿忿不平，便在古寺墙壁上留下了一句："十年寒窗苦，不如一杯茶。"

转年，朱元璋重游此地，见了词句，想起了当年农夫被提拔当县令的事情，心中了然，微笑着提笔续写道："他才不如你，你命不如他。"

这个故事说明，广结善缘，对于人生的发展很重要。有好人

缘，才能得道多助，如同农夫，先有一杯茶与朱元璋结缘，后才有提拔为官的结果。

结缘其实就是建立关系，彼此曾有交涉的关系称为有缘，自利利他的关系称为善缘，不涉私欲的关系称为净缘。造成众多的善缘与净缘，称为广结善缘。

布施就是广结善缘的方法。结缘不必费尽心思地刻意为之，布施也是如此。结缘需结善缘，唯有善缘，才得善果。

若刻意去攀附权贵，主动去结识比自己地位高的人，则不是结缘，而是势利、功利。带着势利眼，怀着功利心去布施、去结缘，是得不到善果的。

布施应广结善缘，其中一个"广"字，就是布施结缘的真意：随时随地而为，随人随事而做，布施和帮助别人不分高低，不分贫富男女，不分老幼病残，能出手帮忙便出手帮忙，能布施则布施。

有个富人生性吝啬，寺院里的长老不论怎么劝他，他都不肯布施。长老看到他家水沟里常常流出剩饭米粒，就捞起来晒干贮存，留作余粮。长老捞米时，仆人告诉富翁，富翁回答："他也很可怜，随他去吧！"

多年后，一场大火烧掉了富人所有的家当，富人变得一无所有，偏偏又遇到荒年，大家都很穷苦，富人连一碗饭都讨不着，后来讨到了寺院，长老见了他，立刻盛了一大碗香喷喷的白米饭给他吃。

富翁接过饭后，再三感谢。长老说："不必谢我，这又不是我的，本来就是你的。"长老于是道出前因后果，富翁听了惭愧万分，当场痛哭起来。

就像这个富人，他当初怎么会想到自己也有讨饭的一天呢？若知道，恐怕早早地就开始行善布施了。

或许你会想，某些人以后会对我的发展有帮助，我要多多与他结缘，至于其他人，可以把他们忽略。但是，你能预测以后的事情吗？显然不可能，你又怎么能断定哪些人以后会有助于你，哪些人就对你没有帮助呢？

所以，我们应该广结善缘，珍惜眼前每一次帮助别人的机会，造福他人，从而成就自己。用最通俗的话说，多结识些人总是好的，多帮助别人总是没错的。

过去，有的人在路上点一盏路灯跟行人结缘，有的人做个茶亭施茶与人结缘，有的人造一座桥梁衔接两岸与人结缘，有的人挖一口水井供养大众结缘，有的人送一个时钟跟人结时间缘，这些都是很可贵的善缘。只要你有结缘的善心，自然善缘处处在。

曾有个失业的年轻人徘徊在马路上，他想要找一个有钱人的车撞上去自杀，以便让贫穷的老母亲得到一笔赔偿金。

这时，路旁有个美丽的姑娘正好路过，他们目光相遇的一刹那，姑娘对年轻人微微一笑，点了点头。这个年轻人一高兴，竟然忘了寻死。第二天，他找到了一份工作养家。

后来，经过一番努力，年轻人成了老板。回想起当年的经历，他说："谁能想到当年那位姑娘的一个美丽的微笑，竟把我从死亡的迷惘中唤醒。若不是那个微笑，我想我早已不在人世，更不必说拥有如今幸福的时光了。"

一个笑容的因缘多么大，竟然可以改变一段人生。所以，不妨多微笑，即使是微小的布施，也可以结下大缘分。

记住，缘是要靠自己去培植的，若你不修缘，缘分就会用尽。就好像很多朋友，若不经常来往，慢慢就会疏远。因此，你要珍惜缘分，培植它，以免淡薄。

正所谓："十方来，十方去，共成十方事；万人施，万人舍，同结万人缘。"人生就像一场戏，只因有缘才相聚。人与人要有缘分才能和好，人与事要有缘分才能成功，以善心布施，广结善缘，知缘、惜缘，如此，你的人生也因有缘分而圆满。

圣观音（大慈大悲）

付出也是一种福报

有因才会有果，有缘起才会有缘聚。没有付出，就不会有回报。想要得到别人的爱心，你就要付出自己的爱心。其实，如果有能力帮助别人，不也是一件很快乐的事吗？

众生也许都听过："付出是给自己的福报。"这当然是真的，而且比任何理由更值得付出。所以说，如果你想得到什么，你就必须先付出什么。是的，生命的意义在于你能付出什么，而不在于你能得到什么。

有个乡下人到城里去做生意，为了节省成本，就在道路不太好的街角开了一家店铺。但过了一阵子，他发现自己的生意不好。他认为这是道路不好的缘故，便决定联合周围的商家把道路修整一番。然而，周围的商家都不愿意这么做。他们说："路不好走，经过的人或车辆就会慢下来，人们走进店铺的概率就会增加，这样才能增加商机。"

乡下人这才知道为什么这里的路面一直坑坑洼洼，都没有人修整。对于这种逻辑，他很不以为然，他不听周围人的劝阻，自己出钱找人将路面修平了。

不久之后，这条街车辆和行人川流不息，呈现出一派繁华的景象，商机非但没有减少，反而大增。众商人都疑惑不解地问乡下人："路通畅了，人们驻足停留的机会少了，为何商机反倒增多了呢？"

乡下人解释说："路不好，人们多绕道而行。经过的人少了，商机又怎么能多？"

佛法讲因果循环和缘法，认为没有因是不会有果的，没有缘起自然也没有缘聚，有因才会有果，有缘起才会有缘聚。同样的，没有付出，就不会有回报。想要得到别人的爱心，你就要付出自己的爱心。

其实，当你付出爱心时，不要去计较得失，如果有能力帮助别人，不也是一件很快乐的事吗？

公交车到了一站，停下来，车门打开，上来一对年轻的夫妇。那个少妇不知道怎么了，散乱着头发，眼神也没有光彩，透露着一丝丝的迷茫。她的丈夫扶着她，她低着头，嘴里喏喏着，不知说着些什么话。

大概发现了她的异样，车上很多人都显出不自然的神色。坐在她对面的是一个小女孩和她的妈妈。

小女孩怀里抱着洋娃娃，正在玩耍，她一边用手抚摸着洋娃娃，一边哄着洋娃娃："乖乖，我的宝贝，好孩子，快快睡……"人们看着小女孩幼稚的动作，听着她纯真的声音，脸上都不由得泛起了微笑。车上荡漾着一股安详的气息。

突然，小女孩对面的少妇仿佛从睡梦中惊醒一般，大喊着："我的孩子，我的孩子……"一边喊着，一边拼命地抢小女孩的洋娃娃。

一时间，车上陷入一片混乱……

"妈妈，妈妈，她抢我的娃娃……"小女孩哭了。而那位少妇望着手中的洋娃娃，却痴痴地笑了起来。她一边笑，一边喃喃地说："孩子，有妈妈在，别怕！"

"这女人也太不像话了，怎么连小孩子的玩具都抢呢！""就是！多可爱的小孩子，现在哭得多伤心。""我看啊，这女人八成就是一个疯子。"……车厢里充满了各种各样的议论声，大家都对少妇的行为很不齿。

"对不起，对不起！"少妇的丈夫连忙向小女孩的母亲道歉，并一把将妻子手中的洋娃娃夺过来，还给小女孩。

那位少妇失去了洋娃娃，似乎又陷入了迷茫当中，喃喃自语道："我的孩子，我的孩子……"

她的丈夫叹了一口气，解释道："孩子为了拉他落水的同学一把，不幸自己溺水死了。她，也就成这样了。"

人们的脸都红了。小女孩看了看手上的洋娃娃，又看了看痴痴的少妇，然后从座位上下来，走到少妇身边，把洋娃娃递过去："阿姨，您的'孩子'。"少妇一把接过洋娃娃，紧紧地抱住："孩子，我的孩子……"

没有人制止，没有人议论。不久，车厢里响起了掌声！

这是一个关于爱心与付出的故事，不讲求回报，没有功利，但是它却因为纯净的爱心，因为那份童真，而显得十分动人。

生活本来就应该如此动人，只是因为很多人失去了爱心，不懂得付出，所以让生活变得庸常无味。在你不能满足欲望而沉沦、苦恼时，不妨扪心自问，你的爱心在哪里，你的付出有几分？

第二章　日日布施，喜乐日日相伴

真心布施，获得一轮明月

真心比金子更珍贵。用真心来布施，如理如法的布施，就算布施的物很少，哪怕是一点点，你的心里也会像吃了蜜糖一样甜。

布施需要真心。同样是布施，用心不一样，目的不一样，结果就不一样。非真心的布施，因为不情愿或有所求，所以你会心生烦恼；而用真心来布施，如理如法的布施，就算布施的物很少，哪怕是一点点，你的心里也会像吃了蜜糖一样甜。

有个家境清寒的女孩到寺庙里拜菩萨，她身上只有两文钱。但看到很多人都在布施钱财，心里很受感动，便把这仅有的两文钱布施给寺院。

老和尚对于她的布施很重视，特别给她做了回向。

后来，这个女孩做了王妃，经过童年时去过的这座寺庙，她带了一千两黄金去供佛，寺庙的老和尚让自己的徒弟给她回向。

她于是就问老和尚："大师，还记得吗？我年轻很穷苦的时候，我布施两文钱，您给我回向。"

老和尚说："我记得。"她说："那么，为什么今天您不给我做回向呢？那时候的两文钱比一千两黄金重吗？"

老和尚说："不是这个意思。那个时候，虽然你只布施了两文钱，但你是怀着至诚心、谦卑心来做布施的，我不给你回向，那就是对不起你。现在你做了王妃，有的是钱，千金对你而言是九牛一毛，不算什么。你布施得很随意，显然没有真诚的心意。所以，这千金还不如两文钱。"

布施的时候，不能看布施的东西多少，而应该看你有没有一颗真心。真心比金子更珍贵。布施可以得好报，最大的好报是什么？不是财物，而是一颗宁静而善良的真心。

在深山之中，有位修行的禅师。某夜，禅师在林间的小路上散步后，回到自己住的茅屋时，看到一个小偷正在屋子里。小偷没有发现茅屋的主人已经回来了，还一直在翻找着。

禅师没有进屋，也没有做任何事，就这样一直站在门口，看着小偷，仿佛是在等小偷。

小偷翻找了好一会儿，都没有找到值钱的东西，只好反身离去。这时才发现门口站着的禅师。

小偷顿时慌了，纵身一跳，就跳到窗子旁边，准备破窗而逃。这时，禅师说话了："你走很远的山路来探望我，总不能让你空手而回呀！"说着，禅师将身上的外衣脱了下来，"夜里凉，这件衣服你带走吧。"

然后，禅师就把衣服披在小偷身上，小偷不知所措，低着头溜走了。

看着小偷的背影，禅师感慨地说："可怜的人呀，但愿我能送一轮明月给你！"

第二天，温暖的阳光融融地洒照着茅屋，禅师推开门，却看见一件衣服整齐地叠放在门口，正是昨晚自己送给小偷的那件外衣。

禅师拾起衣服，笑道："我终于送了他一轮明月……"

禅师的明月是什么？正是一颗宁静而善良的真心。这颗真心比财物更加珍贵，因为不但禅师拥有它，而且禅师还让那名小偷也拥有了它。当你以真诚、善良的爱心布施了一件外衣时，可曾想到你布施的其实是一轮明月呢？

地藏菩萨（除一切苦厄）

量力而行，尽力而为，利益一切众生

用一碗饭布施一个人，可以勉强吃饱，用一石米布施一个人，可以维持半年的生活；如果用一碗饭布施一百个即将饿死的人，结果是没有一个人能够活命。因此，布施要看到自己的实际情况，又要看到别人的困难。

布施最重要的还在于有一颗真诚、仁爱的善心，布施多少并不重要，能够布施多少就布施多少，只要有心，不必计较多少。况且布施也是有原则的，其中极其重要的一条原则就是量力而行，尽力而为。

先来说量力而行。所谓量力而行，就是要忖度着自己的能力去帮助别人，布施应视自己的经济能力而定，而不能影响了自己的生活。

有的人发大慈悲心帮助别人，把自己家里的钱财全部布施出来，结果自己的生活没有了保障，一家人靠吃藤菜维持生计，这样的慈悲胸怀固然令人感动，但也会让人感到心里难过。

特别是一些贫困之人，对于别人的悲惨遭遇往往感同身受，同情感动之下，就忘了自己家庭的困难，倾尽全力帮助别人。结果，

第二章　日日布施，喜乐日日相伴

自己家的生活难以为继。这种忘我的助人精神令人敬佩，但不提倡。你帮助了别人，结果自己生活艰难了，就要让其他人来帮你，这样一来二去，无异于拆掉东墙补西墙，反而事情多了起来。

所以，对经济基础相对薄弱的人来说，爱心布施重在参与，重在有一颗大爱之心，而不是看重布施钱财的数额。比如有的家庭存款就几千元，布施几十元、几百元也不算少，只要心意到了就行了。

布施还是要实事求是，量力而行。但为什么又说要尽力而为呢？这岂不是互相矛盾吗？其实一点儿也不矛盾。

打个比方来说，乞丐布施一元钱，自然值得尊重——他是尽力而为；那些巨富也布施一元钱，就实在说不过去了。

这么一说，你就明白了尽力而为的布施原则。尤其是在一些特别的救助活动中，尽力而为的原则尤为重要。

比如，汶川大地震发生之后，此时的布施不只是献爱心，更是责任和道义。某乞丐倾其所有，布施了百余元；某地产大鳄布施了20万元。

一个是尽力而为，竭尽所能；一个是想布施多少布施多少，聊表心意。虽然后者所布施钱数比前者多，但后者的人格魅力显然不如前者。

因为此刻布施不是聊表心意的时候，无论是救援工作，还是灾后重建，都是亟须解决的问题，光是口头表达若干句献爱心远远不够，若无大量的钱财支持，搭上再多的人力，依然会举步维艰。若是你一元我一元，不论有钱没钱的都只是聊表心意，那么何时才能让灾民脱离苦海，重建家园呢？

凡事都怕比，都说攀比要不得，但也要看怎么比，身价过亿的富豪，偏偏布施的款项还不及闲暇时去登山的娱乐费用，这显然不只是有没有这份心意的问题。所以，不要跟别人比，但不妨跟自己比一比。

有些人办婚宴、生日宴等，场面壮观，钱财花得似水流淌，毫不在意。但到了献爱心布施钱财时，却半天没有动静，或者抠抠搜搜布施点儿便聊表寸心了，实在令人大失所望。所以，有没有尽力而为，不看别人布施多少，对比一下自己生活中的一些行为，也就明白无误了。

但是我们也要知道，尽力而为不是要人倾家荡产帮助别人，虽然倾家荡产做善事的人确实伟大，但是对自己、对家人不太公平，我们不提倡类似的行为。佛指导弟子修行，指导人们过美好的生活，就是要解脱烦恼，而不是制造烦恼，若你还不是佛，还只是个平凡的人、普通的人，倾家荡产，生活无依，就定然会有烦恼产生，这样又何谈美好的生活呢？因此，布施又要量力而行。

用一碗饭布施一个人，可以勉强吃饱，用一石米布施一个人，可以维持半年的生活；相反的，如果用一碗饭布施一百个即将饿死的人，固然是广结了善缘，结果是没有一个人能够活命。也就是说，布施要看到自己的实际情况，又要看到别人的困难。这之间的分寸，需要每个献爱心的人细心地把握。

因此如果有力量救济全世界而不虞匮乏，那么大可以无限制、无分别地平等布施，无微不至；如果仅有微弱的力量，则应该量力而为，把力量集中起来，选择急需援救和护持的人进行布施，大可不必面面俱到，四面出击。

所以，布施应该以帮助别人解决燃眉之急为重点，除了解燃眉之急以外，聊表心意即可。总之，我们既不能做让自己困扰的事，也不能让别人困扰。

第三章

微笑带给他人，喜乐留给自己

俗话说：人生不如意十之八九。有喜亦有悲，有爱亦有恨，有希望亦有迷茫，有喜悦亦有苦涩，如此等等。但不论众生当下境况如何，都要给人以真诚的微笑，这样你的内心就会收获喜乐。人生百年，匆匆一回，何不微笑着面对！

微笑总在风雨后，如果能快乐地对别人笑一笑，那我们就会获得同样的喜乐。

用喜悦之心制造幸福

喜悦心是最好的人格状态。把喜悦心带给你的朋友，友谊就会增进；把喜悦心带到你的团队，团队就会团结；把喜悦心带进你的事业，事业就会成功！

如果一个人心中充满喜悦，那么他的性格就会变得和善，有了和善性情的人，就会使表情变得愉悦，有了愉悦表情的人，就一定会让自己自然地流露出美丽，让别人感受到自己心中的喜乐、幸福。

在佛教中，有法喜之说，也就是，谓闻见、参悟佛法而生欢喜。一个人要是法喜充满，那么还有什么事不被消融呢？禅喜，亦是佛教语。谓放下心中积郁而生欢喜。放下，才能承担。随喜，也是佛教语。谓见到他人行善而生欢喜。随有跟随、随时、随机之意，随喜就是要我们随机应变地调整自己的心态，保持一颗喜悦心，并能以此感染他人。境由心造，修心才能开智。

在佛教中，有这样禅修，能够帮助灌溉在藏识中的喜悦和幸福种子。

愿我知晓，如何每天滋养心中的喜悦种子。

愿你知晓，如何每天滋养心中的喜悦种子。

愿他们知晓，如何每天滋养心中的喜悦种子。

愿我能活得清新、安稳、自在。

愿你能活得清新、安稳、自在。

愿他们能活得清新、安稳、自在。

愿我心无执著与厌恶，且不冷漠。

愿我们心无执著与厌恶，且不冷漠。

愿他们心无执著与厌恶，且不冷漠。

喜悦心是最好的人格状态。所以在人际交往中，众生应该时刻保持喜悦心。一个爱笑的人说明他乐观、气量大、朝气蓬勃，因而人们愿意跟他相处；相反，一个心胸狭隘，思想格局小的人，很难表现出这样的心态。

所以，把微笑、爱的眼神、幸福带到你的家庭，家庭就会和睦；把喜悦心带给你的朋友，友谊就会增进；把喜悦心带到你的团队，团队就会团结；把喜悦心带进你的事业，事业就会成功！

拥有喜悦心，你就会记得别人给你的帮助，忘记别人对你的伤害，记得别人带给你的快乐，而忽略别人带给你的忧愁，感念着真心的温情，淡去无心冷漠。这样，你就会拥有更多的朋友，更多的喜乐，更多的微笑。

拥有喜悦心，你就会更多地看到事物积极的一面，更多地接受事物正面的影响，积极面对，勇于进取，从而得到更多的喜乐体验，丰富你的情感和经验，进而获得更多的成功。

一个真正懂得和拥有喜悦之心的人，必是一个曾历经苦难的人，他必是一个懂得卑微、感恩、淡然和慈爱的人；一个拥有喜悦之心的人，必是一个在人生观上觉醒的人，是一个懂美、懂生活、懂工作、懂情意、懂人生的人；一个拥有喜悦之心的人，必是一个喜欢音乐和自然的人，因为从那里可以得到更多的真诚和安宁，然后进一步渲染和保持内心喜悦的气氛和活力。

珍爱喜悦，才能一直拥有一颗喜悦之心。有一颗喜悦之心，才能真切地感受到生活中的喜乐和幸福。

普贤菩萨（大行大愿）

依止自己，幸福自在

众生都在追求幸福，幸福从哪里来？幸福应从内心中来，世界上的种种繁华虚荣，并不能使你得到真正的快乐和幸福。

在《沙密地经》中主张依止修行。而依止佛法不只是一种观念，它可以将自己带到最平静、最安稳的地方，将会得到喜乐、宁静、稳定、自在。依止佛法也可以说是"自皈依"，就是皈依自己心中的岛屿，我们必须学会在有需要时回到那个岛屿。

《菜根谭》有云："遇变而无仓忙，须向常时念念守得定；欲临死而无贪恋，须向生时事事看得轻。"世间的真相往往是无常的，何必过于在意呢？坦然面对，淡然地接受，放松心情，你会发现在这浮躁喧嚣的无常世界中，其实独有一片安静的心空。只有内心清净，才能得到幸福，遇到任何逆境，就自然放得下而能解脱三分，也只有这样才能远离痛苦，真正懂得人生的幸福所在。

崛多禅师游历到太原定襄县历村，看见神秀大师的弟子结草为庵，独自坐禅。

禅师上前问："你在干什么呢？"

第三章 微笑带给他人，喜乐留给自己

僧人回答："探寻清静。"

禅师问："你是什么人？认为清静又为何物呢？"

僧人马上站立礼拜，问："这话是什么意思？请您指点。"

禅师问："与其探寻清静，何不探寻自己的内心，何不让自己的内心先清静？否则，让谁来给你清静呢？"

僧人听后，当即领悟了崛多禅师话语中的禅理。

一个人无论处于什么地位，过什么样的生活，只要他内心清净、安谧，生活就可以过得幸福。众生都在追求幸福，幸福从哪里来？幸福应从内心中来，世界上的种种繁华虚荣，并不能使你得到真正的快乐和幸福，因为任何刺激只能片刻，无法永恒，运用耳、鼻、舌、身、意所求来的感官快乐往往是暂时的，好比看一场演出，无论当时怎样兴奋，最终难免会曲终人散。所以内心自然，才能渡过有生有灭、有聚有散、有合有离的迷惑。

世上万物本来就是空的，如果我们的心能够参透这个"空"字，就无所谓抗拒外面的诱惑，任何事物从心而过，不留痕迹，自然也就没了痛苦。

一天清早，小和尚跑到河边洗澡。在他洗澡之后，出现了一名仙女问他："小和尚，你正处在青春年少，为什么在黄金年华时期就出家呢？怎么不出去走走，享受一下青春呢？"

小和尚回答道："亲爱的仙女啊，我很幸福的。我依着佛祖的教导修行，幸福地活在当下，而追逐红尘中的财色名食睡五欲，不会带来长久的幸福。我在日常的生活修行正念，体验到了深刻的平和、自在和喜乐。"

如果以为幸福是以某种形式出现的，就会错过当下喜乐的机会。某位有才华的作家曾说："就幸福本身的性质而言，它是一个巨大的矛盾体，它可以在任何土壤、任何气候中生长，这实际上是源于内心，而独立于环境之外。"这句话显露出内心生活的深度，正如太阳无私地赐予众生甘霖般普降的阳光和热量，幸福不在于占有，而是在于奉献；不在于拥有，而在于分享。

幸福是心灵在自身处于和谐之时所散发出温馨的暖流。一位烈士在慷慨就义前视死如归的幸福感可能是坐在皇位上的国王所嫉妒的。人是自己幸福的创造者。高尚理想领衔下的生活，散发出阵阵芳香。幸福是心灵在拥有无形东西时所感受到的乐趣。

彗星一闪，千年一遇。阳光的普照才是每天的福音。有人说："若是一棵植物干等着彗星的出现才绽放，这未免也太傻了。"喜从天降那种巨大喜悦出现的概率还是很低的。但在现实生活中，还是有很多细小的欢乐在流淌啊！享受每个小小的欢乐吧！幸福，并不是一种机缘巧合的东西。相反，这是世上最实际的东西。幸福不假外求，能够依止自己，就会幸福自在。

第三章　微笑带给他人，喜乐留给自己

卸下心中的痛苦，用喜乐滋养自己和他人

做人不要庸人自扰，而应学习"本来无一物，何处惹尘埃"的潇洒和乐观。不抱怨生活，释然地接受世界上一切磨难和挫折，带着一身轻松愉悦地游走在纷繁的世间。

林清玄先生说："所有的痛苦都会与美好并存，而痛苦会过去，美好会留存下来。"痛苦，每个人都会经历。印度大师圣天论师，将人类的痛苦归摄为两种：身苦与意苦。如颂云："胜者为意苦，劣者从身生，即由此二苦，日日坏世间。"其意是说，上等人的痛苦，是心理上的苦受，比如工作压力、竞争忧虑、"高处不胜寒"的辛酸等；小人物的痛苦，则是身体上的受苦，比如缺衣少食、超强度劳动等。痛苦困扰着芸芸众生，而又怎样才能卸下心中的痛苦呢？

很多时候，我们需要借着与信赖的人分忧，来卸下我们心中的痛苦。但是，当我们一股脑将自己的痛苦向他倾诉之际，他也许正处于痛苦之中，从而加倍了他的痛苦，让他感到疲惫不堪。佛曰："愿我知晓，如何每天滋养他内心喜乐的种子。"当我们的心态是乐观的、积极向上的，自己的言行将使他感到清新和轻

松，甚至，一两个仁慈的字语，就足以使他心花怒放。因此，我们要学会卸下心中的痛苦，以喜乐滋养自己和他人，才能给他人带去喜乐和幸福。

四祖道信禅师未开悟之时，曾向三祖僧璨禅师请教佛法禅意。一日，他诚恳地向三祖僧璨禅师请求说："大师，我觉得人生太过痛苦，希望您能给我指引一条解脱的道路。"

三祖僧璨禅师沉静地看了他一眼，随即反问道："是谁捆绑住你了吗？"道信禅师想了想，诚实地回答："世上无人绑着我。"

三祖僧璨禅师笑道："世上既然无人捆绑着你，你就是自由的，已经解脱了，你又何必还在苦苦寻求解脱呢？"

后来希适禅师在接引学僧时，也将三祖僧璨禅师这种活泼机智的禅机发挥到极致。有一次，有一个学僧问希适禅师："大师，如何才能求得一方净土呢？"

希适禅师答道："世上有谁污染了你？"

学僧不解其意，继续追问："如何才能达到涅槃永生的境界呢？"

希适禅师答道："谁给了你生与死？谁告诉你生与死的区别？"

这位学僧在希适禅师的步步逼问下，由最初的迷惑不解，继而到恍然大悟，终于明白"心中本无事，作茧乃自缚"的道理。

其实，做人就如参禅一样，不要庸人自扰，更不要悲观厌世，而是应该学习儒家说的"君子坦荡荡"和佛家所言的"本来无一物，何处惹尘埃"的潇洒和乐观。不抱怨世界，更不抱怨生活，释然地接受世界上一切磨难和挫折，带着一身轻松愉悦地游走在纷繁的世间。

一个商人赚了许多钱，但后来因计划不周，导致生意失败、负债累累，于是他变得很落魄，整天闷闷不乐。终有一天，他越

来越想不开，决定要跳河自杀。

夜深的时候他到了河边，却看见一位少女正在那里哭哭啼啼，商人见此，走上前问道："姑娘，三更半夜你来这里要做什么?"

少女回答说："我因涉世不深，轻信于人，结果被人玩弄后抛弃。我现在没有脸再见人，不想再活在这世上！"

商人一听，问姑娘说："咦！这多奇怪，那你在以前没有这些经历时是怎么活的啊？"少女一听，幡然醒悟，打消了寻死的念头。

商人说完反思自己，心想："在我没有这么多钱以前，我是怎么活的？我在富有以前不也是一文不名吗？"

这时，姑娘反问商人："那三更半夜的，你来这里做什么？"

商人自嘲地笑了笑，说："没什么，只是出来散散步……"

人很容易迷失自己，当了官，以为官就是自己；有了名，以为名就是自己；赚了钱，以为钱就是自己……人生的痛苦多于喜乐，心中被世俗之物填满，就会愈加痛苦，众生应该明白，什么是生命中最值得珍惜的东西？只要喜乐住在里面，简陋的柴房又如何，朴素的茅屋又怎样？喜乐不会因为身份的尊贵和钱财的多少而失去它耀眼的光芒。我们跨越山川大漠、摸爬滚打，追求的是喜乐本身，而不是喜乐座前的金樽、手中的宝杖。

人生丰富多彩、精彩纷呈，要想快乐地走完自己的人生之旅，就要主动去给自己寻找快乐，那种"乐"可以是宁静以致远、恬淡寡欲的知足常乐；可以是人人称羡的天伦之乐；可以是"桃花潭水深千尺，不及汪伦送我情"的忘年之乐；可以是"忍得一时气，可免百日之忧"的忍让之乐；还可以是"生命在于运动"的运动之乐；还有读书之乐，平静之乐……只要喜乐在心，就能够快乐他人、快乐自己。

得喜乐

开怀大笑，喜乐来到

苦闷时开怀投入地笑一回，阴霾顿消；疑虑时开怀投入地笑一回，豁然开朗；紧张时开怀投入地笑一回，身心松弛。

在佛寺天王殿里，端坐中央的弥勒菩萨，永远是一副大腹便便、笑容可掬的样子。人们看到弥勒菩萨清净无染、清新自然的笑容，就不禁油然升起亲近之感，觉得自己和菩萨的距离不是那么的远。可以想象，一尊塑像都有这么大的吸引力，更何况是我们表情丰富、感情真挚的人。若想有一个好的生活，不妨出门带上笑容。

在日常待人接物时，笑是打破尴尬、打破僵局绝佳的方式。扬眉一笑，一下子就拉近了彼此的距离，一时间，冰雪消融，双脚落地，疑虑顿消。

有一天，我的弟子的车停在十字路口的红灯前，突然"砰"一声，原来是后面的那辆车撞了我的弟子车后的保险杠。我的弟子从后视镜看到他下车，也跟着下车，准备痛骂他一顿。

但是很幸运，我的弟子还来不及发作，那人就走过来对我的弟子笑，并以最诚挚的语气对我的弟子说："朋友，我实在不是有意的。"他的笑容和真诚把我的弟子融化了。

我的弟子只有低声说:"没关系,这种事经常发生。"转眼间,我的弟子的敌意变成了友善。

咧嘴大笑,你会觉得美好的日子来了。但注意,要笑得"大",半笑不笑是没有什么用的,只有露齿大笑才能见功效。中国人常说"笑一笑,十年少",西方谚语则认为:"开怀大笑是剂良药。"笑对健康的益处,得到了中西方医学专家的普遍认可。

有一位女士遭遇了巨大的不幸,悲痛欲绝的她长期饱受沮丧和失眠问题的困扰。为了彻底摆脱这种死气沉沉的忧郁生活,她建立一条规矩:不管有没有适当的情境,她每天都至少要大笑三次。同时她还暗示自己,只要碰到一丁点儿可笑的事情,她都要发自肺腑地放声大笑;回到自己的家中她也会自娱自乐地欢笑。没用很久,她就重新获得了绝佳的健康状态和快乐的心情,她的家也变成了一个充满阳光和喜乐的地方。

笑,无疑是最重要的天然大补药,是佛祖赐予我们的制造喜乐的灵丹妙药:它能调节紊乱的身体机能,让它们恢复和谐的运转;它是我们神经系统的润滑剂,能够防止一些单调而苛刻的工作给我们带来的焦虑和不安。

当苦闷时开怀投入地笑一回,阴霾顿消;疑虑时开怀投入地笑一回,豁然开朗;紧张时开怀投入地笑一回,身心松弛。顺境中投入地笑一回,天更高、海更阔、路更宽;逆境时提起勇气投入地笑一回,无明烦恼皆祛除。投入地笑一回,不管外界是什么客观环境,只要有大笑一次的勇气,面前便是光明大道,便能得到更加和谐、美满、幸福的喜乐人生。

得喜乐

一路微笑，一路快乐

苦难是人生的一种财富，不经历风雨就见不到彩虹。人生的痛苦与欢乐都是众生成长过程中的环节，皆由众生亲身去领略和体验。

人生的道路并不是一帆风顺的，要经历成功与失败，欢乐与痛苦。然而我们应该坚信这样一句名言：困难是强者的进步之阶，弱者的不测之渊。只有在磨炼中不懈追求的人，才会获得成功的欢乐；只有历经艰险生活的人，才会体验到生活的美好；只有爬到山顶的人，才会感觉到"一览众山小"的情怀。

读过《本生传》的众生都知道，佛陀当初萌生出家之念，正是因为四门出游见到老、病、死的痛苦，而顿然生起求解脱之心。莲花色比丘尼也因频频受苦，出家后一心修道，终证阿罗汉果。

这样的例子还有很多，高僧大德无一不是经历了坚韧的磨难，方才获得大成就。没有经历风雨的小树是成不了材的，没有饱受严寒的梅花是开不艳的，没有经过琢磨的玉石永远只是一块石头。只有在苦难中成长起来的人，才能找到人生的真谛。

大迦叶原本信奉外道，后来皈依佛门。他率领五百弟子，在韦提河边的山中修行头陀之道。头陀指的是身上披着破旧的衣服，到处乞求化缘，风餐露宿、性情淡泊的僧侣。迦叶因为认真修行这样的头陀行，所以被称为"头陀第一"，非常受佛陀的器重，嘉许他为"大行渊广"。

大迦叶一向修习头陀苦行，他不怕狂风暴雨，不惧日晒夜露，他枯瘦的老年之身，总是住在深山丛林的树下，或是白骨遍野的墓间，对于他的头陀苦行，任何人劝说，他都不停止。

大迦叶逐渐衰老，可是他对头陀苦行的生活，是越过越认真。

有一次，佛陀也不忍他以衰老之年，还要生活在日晒夜露、狂风暴雨之中，想劝他中止苦行。

那时佛陀住在鹿母讲堂，佛陀召见大迦叶。当时大迦叶穿着由破布缝补而成的粪扫衣，须发长得很长，蹒跚地走来，这里新皈依的比丘都不认得他就是大迦叶，看到他那仪容不整的形象，都投以轻蔑的眼光，甚至有人向前想阻止他走近佛陀。

佛陀知道大家的心思，很远地就招呼道："大迦叶！你来啦！我留了半座在这里，你赶快到这里来坐吧！"

诸比丘听佛陀这么一说，吓了一跳！想不到这位老比丘，就是大名鼎鼎的大迦叶尊者。他向前顶礼佛陀后，退下几步说道："佛陀，我是您末座的弟子，要坐在佛陀所设立的座位实不敢当！"

这时，佛陀就向大众叙说大迦叶广大无边的威德，并且说他有如佛陀修道相等的历程，今生如不遇佛陀，他也可以觉悟，证得阿罗汉。

得喜乐

佛陀告诉大迦叶,叮咛他不要继续苦行,把粪扫衣脱去,改穿信众所供养的僧衣,静静地养老,不要过度疲劳。

虽然受到佛陀这么高的慰劳,但大迦叶并不肯改变他的头陀苦行,他向佛陀说道:"佛陀!头陀苦行在我并不以为苦,反而感到很快乐,我不为衣愁,不为食忧,没有人间的得失,感到清净解脱的自由。佛陀教法中的头陀行门,就是一种最严肃的生活方式,能习惯于这种生活,便能吃苦,便能忍耐,便能甘于淡泊。佛陀!我为了直接巩固僧团,间接地利益众生,我欢喜愿意不舍苦行,请佛陀原谅弟子的执著!"

苦难是人生的一种财富,不经历风雨就见不到彩虹。人生的痛苦与欢乐都是众生成长过程中的环节,皆由众生亲身去领略和体验。人们在苦难面前要保持乐观向上的精神,用坚强的心去面对,只有坦然地面对,勇敢地面对才能微笑着走一回人生。

微笑着,去唱生活的歌谣。把每一次的失败都归结为一次尝试,不去自卑;把每一次的成功都想象成一种幸运,不去自傲。就这样,微笑着弹奏从容的弦乐,去面对挫折,去接受幸福,去品味孤独,去战胜忧伤。

无论是谁,都需要经历苦难,生命才更完整。正如作家刘墉所说:"让我们一起寻找一个苦难的天堂。"而有的人在面对困难和失败时选择了逃避,这不但不能解决问题,反而使自己变成了一个弱者,一个不敢面对困难的懦夫,一生唯唯诺诺,困顿不堪,丧失了自我。我们只有坦然地面对,勇敢地面对才能微笑着走一回人生。

微笑,是苦难中探寻的希望曙光,是成长中顿悟的人生真谛,是生活中彼此沟通的无影桥梁,更是生命中轮回不息的蓬勃朝气。

微笑是阳光下灿烂的花朵，给人一种美丽的享受，给人一种生命的力量。微笑似甘泉，沁人心脾；微笑似醇酒，久而弥笃。

海伦·凯勒说："人人都应该花点时间享受一些特别的乐趣。哪怕每天只花五分钟也好，去觅一朵美丽的花儿、云儿、星儿；或学习一首诗；或为别人枯燥的工作带来快乐。"或许，只需要我们的一个微笑，生活就能变得灿烂多姿，世界就能变得丰富多彩。学会微笑吧，你的一生可能因此而改变。圣经上说："不可忧愁，喜乐于上主就是力量。"上天希望众生有喜乐，那众生就努力让自己的人生之路充满快乐、微笑！

文殊菩萨（开启智慧）

第四章

化解烦恼，走上喜乐路

众生无量无边，烦恼也有八万四千种之多。而烦恼就如同荆棘丛生的沼泽地，横贯在人们的脚前，许多人受其羁绊，陷入这痛苦的泥潭中。其实，人生一世、草木一秋，无论是惊涛骇浪，还是富贵荣华，于人生而言都是过眼云烟，转瞬即逝，又何必执著于人生的烦恼。在《大圆满窍诀》中也如是说："若是证悟了如虚空般的法性，那就得到了无死的智慧。"无烦恼的清净心就是得到寂止与胜观双运的智慧境界，这时自己身心得到堪能，喜乐自会出现在心中。

生活中的烦恼无处不在，但走出烦恼的方法有很多，最重要的是心胸开阔。让我们用看淡一切、包容一切的生活态度去摆脱烦恼，走出烦恼的阴影，摆脱烦恼的束缚，学会把烦恼赶出自己的家门！

第四章　化解烦恼，走上喜乐路

世间本无事，庸人自扰之

喜乐不是永恒的，痛苦也不是永恒的。当你烦恼时，你应该询问自己究竟为何烦恼。只有避免自找麻烦，才能得喜乐。

一天中午，洞山在小溪边洗钵，对岸的两只乌鸦为争夺一只蛤蟆相互争斗在一起，打得你死我活，不可开交。一个小沙弥喊道："师父，你看，你快看！它们怎么弄到了这个地步？"

洞山说："都是因为你的缘故！"

世上本无事，庸人自扰之。乌鸦争蛤蟆，老鹰吃乌鸦，本是自然而然的事情。小沙弥心被境转，以自己的标准评判是非，是妄生分别，平添烦恼闲事。世界上有许多像小沙弥这样的人，喜欢以自己的标准评论他人的长短是非，从而自寻烦恼，使得自己和他人都不自在。

佛曰：喜乐不是永恒的，痛苦也不是永恒的。当你烦恼时，你应该询问自己究竟为何烦恼。只有避免自找麻烦，才能得喜乐。

众生都不愿意自扰，不愿做庸人，但若要做到这一点并非一件轻而易举的事情。人之所以缺少喜乐，就是因为其生活得不够单纯。现代人的思想越来越复杂，杂念越来越多，远没有古代人那么单纯，因而，现代人总觉得活得辛苦。事实上，生活本身并不需要刻意追求什么，不需向生命索取什么，毕竟简单原本就是一种难得的幸福，正如佛说的那样："诸幻皆悉离。"

从前有一个国家，五谷丰登，人民安宁，没有疾病，人们日夜歌舞，无忧无愁。国王问大臣："我听说天下有一种东西叫祸，不知祸是什么样的？"大臣们回答："微臣也没有见过。"

国王就派遣一个使臣到邻国，去买祸。天神变为人，在市场上卖"祸"。"祸"的模样像猪，用铁锁链捆着。使臣问："这是什么？"天神回答："祸母。"使臣又问："卖多少钱？"天神回答："一千万。"使臣认真看了又看，又问："它吃什么？"天神回答："一天吃一升针。"使臣买回祸母，便挨家挨户地搜求针。这样，国民三三两两，见面都是互相索针。派出求针的人到处扰民，所到之处，民不聊生。

大臣报告国王："祸母扰乱人民，百姓失业，我们想把它杀死扔掉。"国王说："行。"于是群臣把祸母拉到城外，刀刺刺不进，斧砍砍不伤，击打打不死。群臣堆柴草烧它，祸母被烧得全身通红如同一团烈火，跑出去了，逢村烧村，逢市烧市，入城烧城。就这样跑来跑去，国家被扰乱，百姓遭受饥苦。

原本歌舞升平的国家，因为多事的国王而弄得民不聊生，怨声载道。天下本来无事，都是众生自己给自己找麻烦，才将事情越弄越糟。对于一些事情，究竟是做还是不做，并非完全取决于事情本身，很大程度上依赖于时机和能力。若执著于结果的完美，就会使过程变得枯燥无味，而结果未必就能达到自己所追逐的完美，只有轻松地面对周围的人与事，才会得到更多的喜乐。

第四章　化解烦恼，走上喜乐路

从前有一位僧人学习入定，可是每当入定不久，他就感到有只蜘蛛钻出来同他捣乱，令他不能专心修行。

他无可奈何，只得请教师父："我一入定，就有大蜘蛛出来张牙舞爪，赶也赶不走它。怎么办？"

"下次入定时，你在手里拿支笔。如果它再同你过不去，你就在它肚皮上画个圈，看看是哪路妖怪？"师父如此说道。

那僧人半信半疑，心想："就姑且照着试试看吧！"

想罢，那僧人真的准备一支笔。

他再次入定，果然那大蜘蛛又出现了。他迅速拿起笔，在大蜘蛛的肚子上画了个圆圈。那圈刚一画好，大蜘蛛就销声匿迹了，从此僧人安然入定，再无困扰。

不知过了多长时间，那僧人才出定。他低头一看，原来画在大蜘蛛肚皮上的那个圈圈，竟赫然出现在自己的脐眼周围！这时，他才深深地意识到：原来入定捣乱的那个大蜘蛛，并非来自外界，而是源于自己的内心。

《新唐书·陆象先传》云："天下本无事，庸人扰之而烦耳。"世间之事往往就是如此，有一半的烦恼是我们自己想出来的。众生看别人时看得都是清楚明白，但却看不清自己。在人的一生中，失去和得到是成正比的，因而众生要弄明白，自己究竟需要什么，无论是研读书籍还是创造事业，无非是为了让自己的生活过得好一点、快乐一点，众生所做的努力，都是为了得到喜乐而努力，不要到最后反而得到更多的烦恼。

人的心情会随着时间的转换而改变，在日常生活中，每时每刻都会发生新的事情，众生的烦恼也会随之而来，一旦积蓄过多的坏情绪，就会影响我们的好心情。事实上，烦恼是众生自找

得喜乐

的，无论是过去，还是正在发生或是未来还没有发生的事情，都大可不必烦恼，过去的就让它过去吧，而现在的一切还未形成定数，不值得烦恼，未来的事情还未发生，更不用烦恼……总而言之，无论在何种境遇之下，都不要庸人自扰，那么，喜乐就会出现在心中。

药王菩萨（除身心病痛）

越聪明，越烦恼

众生的心灵，若能如莲花日月一般，超然、平淡、简单，无分别心、取舍心、爱憎心，那么，便能获得喜乐和幸福。

世间众生，不管你怎样老谋深算，沟壑纵横，通于世故，这一切都是心机！最终都会是作茧自缚，自己把自己束缚起来。

从严格意义上来说，众生一辈子就是纠缠在这些事情上，就是纠缠在荣辱是非、钩心斗角之中，从而消耗了众生的精神，消耗了众生的生命。庄子说："近死之心，莫使复阳也。"这一切的一切都是往而不返，如同歧途亡羊一般。"莫使复阳也"，就是没有办法恢复生机。我们看《红楼梦》，林黛玉就是不知道人多一分聪明就多一分思虑，多一分思虑就多一分烦恼。所以我们看这个世间，越是聪明的人越是烦恼多，这就是"近死之心，莫使复阳也"啊！越是这样，对自己的摧残就越厉害。越是这样，就没法使自己返老还童，没法使自己永葆青春，获得喜乐和幸福。

佛曰："莲花不著水，日月不住空。"众生的心灵，若能如莲花日月一般，超然、平淡、简单，无分别心、取舍心、爱憎心，那么，便能获得喜乐和幸福。

有一位老和尚，每天天蒙蒙亮的时候，就开始扫地，从寺院扫到寺外，从大街扫到城外，一直扫出离城十几里。天天如此，月月如此，年年如此。小城里的年轻人，从小就看见这个老和尚在扫地。那些做了爷爷的，从小也看见这个老和尚在扫地。老和尚虽然很老很老，就像株古老的松树，不见它再抽枝发芽，可也不见再衰老。

有一天老和尚坐在蒲团上，安然圆寂了，可小城里的人谁也不知道他活了多少岁。过了若干年，一位长者走过城外的一座小桥，见桥上镌着字，字迹大都磨损，长者仔细辨认，才知道石上镌着的正是那位老和尚的传记。根据老和尚遗留的度牒记载推算，他享年137岁。

有人说，这是传说，也有人说，这是真事。有无此事，其实并不重要。重要的是，它能使人悟出为人简单对人心所做的净化。自甘平淡，保持一种宁静的超然心境，这是多么的难得。

1918年8月19日，风流才子李叔同离妻别子，悄然遁入空门，法号"弘一"。读过弘一大师传记的人，大概都不会忘记他是以怎样珍惜和满足的神情面对盘中餐的，那不过是最普通的萝卜和白菜，他用筷子小心地夹起放在嘴里，似在享用山珍海味。正像他的好友、现代学者夏丏尊先生所说："在他，什么都好，旧毛巾好、草鞋好、走路好、萝卜好、白菜好、草席好……"

"惜衣惜食，非为惜财缘惜福；爱人爱物，到了方知爱自己。"以惜福的心态度过生命中的每一天，怎能不生知足、安详、欢愉、喜乐之感呢？

现代众生的生活节奏快，众生为了能生活得更好而疲于奔波，忙于劳碌，科技发达了，物质越来越丰富，人类已不是为了生存而活在这个世上，而是变成了为物质欲望而活，为拥有更多的钱、更大的权利而活。众生因着这些而衍生出更多的烦恼。但是，当然众生以工作重、社会的竞争压力大为借口，一味地为达到目的而忽略一些内心真实感受的东西，违背众生为美好生活而努力的初衷，真可谓，越聪明，烦恼也就越多。

日光菩萨（令生命觉醒）

得喜乐

何苦自寻烦恼

一切因缘而起,一切因念而在。当我们执著于某一事或某一物时,便会患得患失,烦恼也会接踵而来。如果能看开一切,心无挂碍,便会无所惧,喜乐自会常来。

很多时候,世事并不像想象的那样糟糕,有些本来不值得放在心上的事,有的人却把它当成无法排遣的烦恼而郁闷在心,以至于整天愁眉不展。众生在生活中,总免不了有一些苦恼烦闷的事。有些烦恼来自外界,必须正视;而大多数困扰则源于内心,这就是所谓"自寻烦恼"。

佛经上说:"世间万物皆为虚空。"一切因缘而起,一切因念而在。当我们执著于某一事或某一物时,便会患得患失,烦恼也会接踵而来。如果能看开一切,心无挂碍,便会无所惧,喜乐自会常来。

云居禅师拜百丈明照禅师为师,并因百丈明照禅师指点而得度。云居禅师静心参禅,每天晚上都独自去荒岛上的洞穴里坐禅。

有一天,几个爱捣乱的年轻人躲藏在云居禅师去洞穴的必经之路上，路的两侧有粗大的树木，等到禅师过来时，从树上垂下来一只手，扣在禅师的头上。

那个年轻人原以为禅师必定会被吓得魂飞魄散，哪知禅师任凭年轻人扣住，只是静静地站立不动。如此出乎意料之举，反而把年轻人吓了一跳，急忙将手缩回。禅师又神情自若地离去了，好像什么也没有发生过。

第二天，这几个年轻人又想出了一个歪主意，他们一起到云居禅师那里，问道："大师，最近听说附近经常闹鬼，有这回事吗？"

云居禅师淡定地说："没有！"

"真的吗？但我们听说有人在晚上走路的时候突然被飞来的魔鬼用手按住了头。"

"那根本不是鬼，而是村里的年轻人！"

"大师怎么知道不是鬼，为什么这么说呢？"

禅师答道："因为魔鬼怎么可能有那么宽厚、温暖的手！"

禅师又说："临阵不惧生死，是将军之勇；进山不惧虎狼，是猎人之勇；入水不惧蛟龙，是渔人之勇；和尚的勇是什么？就是一个字'悟'，一个人如果连生死都超脱了，怎么还会有恐惧感？"

听了大师的一番话，这群年轻人顿时大悟。

烦恼只在自心，心了则屠肆糟糠居然净土。不然纵一琴、一鹤、一花、一竹，嗜好虽清，魔障终在。语云："能体尘境为真境，未了僧家是俗家。"智者最宝贵之处就是有一个极好的心态，他有对世事变幻足够的心理准备和良好的应对能力。

从禅学而言，就是有大悟。禅就是一颗如水的平常心，无所往，无所碍，玲珑剔透，寸丝不挂，没有一丝浑浊，平淡如水，纯净如水，不为世间的色彩迷惑，不被人生的百味侵入。

巴陵颢鉴禅师看到一位禅僧优哉游哉上山而来，那副悠闲神态好不洒脱，好不自在，就问他："你是为游山而来，还是为佛法而来？"

禅僧说："清平世界，说什么佛法！"

颢鉴禅师由衷地赞叹道："好一个无事的禅客！"

谁知，那禅僧说道："早已是多事了。"

颢鉴禅师将自己的拂尘送给他，以示对他的禅悟之肯定。他却说："本来清净，用拂子做什么？"

颢鉴禅师赞赏地说道："你既然知道清静，就千万不要忘记。"

既然生活在俗世，就要接受自己所经历的事情。没必要整天往自己的心里塞那些悲伤的、忧郁的、哀怨的、苍凉的调调。同样的瓶子，是要装甘露还是装毒药，全在你自己的心。同样的道理，为什么要远离喜乐而接受烦恼呢？喜乐是什么？是心境，是角度。

因而，不妨学一学那些禅师们，从容一点，简单一点，幽默一点，开心一点。如果你不自找烦恼，别人永远不可能把烦恼给你。

人的一生是短暂的，又是漫长的，珍惜它就是使自己的生命价值保值、增值，荒废它就会使人加速损耗自己的价值。一个心胸辽阔澄明的人，是不会有那么多烦恼的。倘若心灵一片光明灿烂，那烦恼与苦痛便会远遁他乡。把握好我们已有的一切，不要自寻烦恼，才能拥有一个实实在在的美好人生。

第四章　化解烦恼，走上喜乐路

灭去烦恼之火，定会安然喜乐

魔由心生，当心中出现了魔障，则满眼都是烦心之事。即使身处桃花源处，依然不会摆脱困扰，反而污染了一方净土；而一旦心中的烦恼之火熄灭，则处处清净。

佛家把众生中的苦称作烦恼，比喻为火。这烦恼之火能毁灭一切不实之物。多少众生在苦海中消亡，多少众生因此日日愁眉苦脸，郁郁寡欢，度日如年。然而这烦恼之火，也能锻造钢铁，熔冶真金。修行之人能于烦恼火宅中，以众生的烦恼苦难为锻炼身心的熔炉，磨砺金刚不坏之体，生出朵朵莲花。若无烦恼磨炼，不但难发大心，要想在世间做成点事也难。就算有点成就，一遇环境逼迫，也就随境而转。

世间苦乐，原无自性，不论是苦还是乐，都是由业识妄心分别而成，你认为是苦就成了苦，你认为是乐就成了乐。如名利场中，热衷之人认为乐，清高之士则认为苦；灯红酒绿之地，荒唐之人认为无比的快乐，洁身自爱之士则认为苦不堪言。古人颜回单瓢陋巷，人不堪其忧，而颜回却不改其乐。可见烦恼与快乐，皆是一心。

得喜乐

诗人杜荀鹤有首《悟空上人寺院夏日题诗》：

三伏闭门披一衲，兼无松竹蔽房廊。
安禅未必须山水，灭却心头火自凉。

这描绘的是，在炎炎夏日，悟空禅师的禅房，前无松竹挡热流，上无树荫遮烈日，而他却关闭房门，披着严严实实的僧衣在坐禅。因没有烦恼搅扰，心静体自凉，所以这烈日曝晒下的小屋，照样是悟空禅师修禅的好地方。

这便是禅的境界，禅的体验。一种只有将二元对立的东西（如寒暑）彻底放下，才能够体会到禅的安详、自然、喜悦的境界。并不是禅师不处在炎热之中，只因为他的心静，内心清凉，外不焦躁，自然感觉不到夏日的暑气。

只要睁开眼，每日仿若有数不尽的烦恼萦绕心头，是现代人的普遍感觉。许多人认为，这是外来环境带给自己的无穷无尽的烦恼，但以禅的慧眼来看，这显然是本末倒置的。究其原因，是自己的心不清净，心态失衡才看什么都不顺眼。于是，窗外孩子们快乐的笑声，让我们心烦意乱；路上的行人与车辆，好像乱麻堵塞在我们心里；同事无意中的一句话，让我们翻来覆去琢磨良久。本不过芝麻绿豆般的小事，却耿耿于怀，徒增烦恼。其实，烦恼有时就是一种情绪，是自己给自己心头缠绕的一个解不开的结。为什么烦恼总是眷顾某一个人，是因为他心灵的窗户紧紧关闭，不给喜乐留出一点缝隙。如果心灵之窗开启，喜乐自然会走进来，在驱逐烦恼的同时，定会得到喜乐。

前些年，在某省城的一小区里发生过一起人命案。租住在该房屋的两位女孩被人残忍地杀死了。一时间，小区里各种谣传不断，尤其是同一单元的邻居，很是有些担惊受怕。后来，尽管房主对房屋进行了彻底清理、粉刷，却一直无人敢租住。就算有不知情者来租，听说凶杀案之后，也总是与房主大吵大闹一番，立刻搬迁出去。于是，房主便以亟需花钱为由，以低于市场价一万多元的价格，将房子卖了出去。

一位十分精明的生意人，在中介所发现了这套价格低廉的房子，生怕人家反悔，急急忙忙付清款项，高高兴兴地搬了进去。住在自己捡了个大便宜买来的房子里，他心里那个舒服，连梦中都在娶媳妇。渐渐地，他发现，邻居们用异样的眼光看着他，好像自己身边有什么怪物似的。后来，他终于知道了，自己所买的房子中发生过一起惨不忍睹的凶杀案！

从那天起，他再进家门，总是提心吊胆，好像随时随地都可能从哪个角落里窜出一个杀人犯……

更要命的是，他再也无法安然入睡了，他总是感到家里有各种各样的动静。尤其是半夜三更，不是窗帘莫名其妙地飘动，便是门扇奇奇怪怪地响动。而且，他经常产生错觉，从那惨白的墙上看到淋淋鲜血……

在他眼里，他的家，简直成了鬼魂出没的地狱！

他病了，真的病了，住进了医院……

鬼在哪里？鬼在心里！

同样一件事情，前后却有着截然相反的结果。这说明甘露与尸水，光明与黑暗，爱巢与鬼屋，本是同一个东西！当没有分别的那一刻，平等无差别，是禅的境界，禅的体验；执著一旦进入心里，烦恼立刻升起，环境也随之发生了逆转……

得喜乐

　　魔由心生，当心中出现了魔障，则满眼都是烦心之事。即使身处桃花源处，依然不会摆脱困扰，反而污染了一方净土；而一旦心中的烦恼之火熄灭，则处处清净，就算是身处嘈杂喧闹的红尘俗世，依然心无挂碍，安然快乐。

月光菩萨（令心境平和）

烦恼少了,痛苦自然就少了

想要减少痛苦,得到快乐,唯一的方法就是了解并正视烦恼,然后通过菩提心来净化,让自己的烦恼愈来愈少。烦恼少了,痛苦自然而然就会变少了。

当身体生病时,众生就会烦恼。身体痛,就是因为对身体生贪而舍不得。所以,身体开始出现状况时,贪欲会慢慢增长而舍不得身体,这时候所增长的是对自身执著的人我执。而不生病的时候放不下什么?别人对自己讲一些不好听的语言,不管用词是正面的还是负面的,只要逆耳,大概都不愿意接受。听到逆耳的言语就产生憎恨心,认为对方既然讲不好听的语言,那我就对他讲更难听的话,以牙还牙。像这样,是在助长烦恼,这就是因人我执的存在而让烦恼无限扩张。

如果把这种贪执用于正面就会产生正面的作用。比如生病时,慈悲自己的身体,但更慈悲别人的身体,想着无论别人现在处于任何情绪,包括忧愁、悲伤、痛苦、沮丧、烦恼等等,我都用同理心培养感同身受的感觉,这样的感情一直培养以后,自己就不会在别人生病时麻木没感觉。当儿女生病时,父母会有着比割下自己的肉还要痛苦的感受，这是培养感情而来的。这也是佛法里讲的自他交换。

这种爱延伸到六道其他众生之后，就是大贪。如寂天大师所说，这是目前非常需要的。问题是，我们没有将贪念用于让自己解脱的大悲心上，而是用在产生负面的烦恼上。产生烦恼的贪是什么？孩子的学习不好，让我跟着产生痛苦；别人对孩子的看法，让我产生痛苦；孩子长大后工作的状况，也会让我产生痛苦。这种把孩子据为己有的财富，叫法我执。像这种据为己有的想法是烦恼愈来愈多的原因。我们把它当成是自己的东西，欲望已经延伸到它上面去了。这就是西藏高僧巴珠仁波切讲的："拥有多少财富，就有多大的痛苦；有多少执著，烦恼痛苦就有多大。"

世间之事，纷繁芜杂，假作真时真亦假，真作假时假亦真。世人受其所累，因而少有人能大彻、大悟，也便少有大解脱。陶渊明有诗曰：

结庐在人境，而无车马喧。
问君何能尔，心远地自偏。

这是一种难能可贵的"安心"。做人倘可如此，便可谓"高洁之士"，自然就会烦恼减少，痛苦减小。

灵隐禅师在庐山参学时，有天动念想下山，便向归宗禅师辞行。归宗禅师问道："你要到哪里去？"

灵隐照实回答："回岭中去。"

归宗禅师关怀地说："你在此参学一十三年，今天要走，应该为你说些佛法要领,等你把行李收拾好,再来找我吧。"

灵隐禅师于是把行李放到门外,去见归宗禅师。

归宗禅师招呼道:"到我前面来!"

灵隐走上前来。

归宗轻轻说道:"天气严寒,途中善自珍重。"

灵隐禅师听后,顿然彻悟。

世间本为迷途,每个人都易迷失了自己的本心,诱惑时时处处都有,天气不可谓不寒冷,佛性在人心中,只能由自己善加护持,再大的试探诱惑都只能自己去闯。每个人生下来,就像是护法金刚,以一己之力对抗整个世界,守护心中的珍宝。怎么能不善加珍重?那该如何珍重呢?最重要的是要"看破、放下",唯有如此,才能"自在"地感受到喜乐。

所谓"看破",就是看破红尘。佛禅所指的"尘",意谓污染,谓尘能污染人的真性。"尘"又与"境"同义,指外部一切感知的事物,并非真正的客观实在,属于虚妄的。所以红尘又被指为虚幻的尘世间。看破红尘,就是看透尘世的虚妄污浊,不与之同流合污,做到达观、洒脱。

所谓"放下",就是把烦恼放下。烦恼来自杂念和妄执。能达到解脱自在、了无牵挂的境界,便是"放下"。

所谓"自在",是指空寂无碍。《法华经·序总》曰:"尽诸有结,心得自在。"注云:"不为三界生死所缚,心游空寂,名为自在。"

追根究底,可以发现一切痛苦来自于无明,因为无明让我们完全不了解什么可以带来快乐、什么会带来痛苦。而学会佛法,学会大慈大悲的菩萨思想,然后付诸行动,痛苦就会愈来愈少。因为你的心会愈来愈广阔,愈来愈跟大海、虚空一样,可以包容

得喜乐

一切正面、负面的事物。无论你认为众生对或不对,要知道这都是因为各自的习性,一切都是因为有烦恼存在才会这样。能够这样理解,我执会慢慢减轻,心胸会愈来愈广大,日子愈来愈快乐,智慧愈来愈增长。因为破除了我执就是增长了智慧,当分别心逐渐破除后,在短暂世间可以获得人所能具备的一切福报和快乐,就可以得到永恒的快乐,也就是成佛。

想要减少痛苦,得到快乐,唯一的方法就是了解并正视烦恼,然后通过菩提心来净化,让自己的烦恼愈来愈少。烦恼少了,痛苦自然而然就会变少了。

虚空藏菩萨(福智无边)

第四章　化解烦恼，走上喜乐路

走过烦恼人生，实践大爱无言

真正心怀慈悲的人，不会感到孤独和寂寞。他慈爱所有众生，也必然为每个众生所敬爱，而且他的爱是无私的、无我的。

佛家常讲要有慈悲之心。所谓"慈悲"是人世间最美好、最高尚的情感，是至高无上的爱，是无条件给予众生快乐，不忍众生受苦，让众生离苦得乐，希望众生从一切痛苦中解脱出来的大爱。慈悲是真正的平等，就像空气，无分别地萦绕在每个人周围。慈悲心，是一种彻底的利他之心，是一种"不为自己求安乐，但愿众生得离苦"的奉献精神，没有丝毫自私的成分，没有任何负面影响。

世界本来很干净，因为有"我"却不同。我们受无始以来的无明和烦恼习气的牵绊，很难把我们内心的"我"抛掉，要发起慈悲心也不是一件很容易的事，这个"我"与慈悲互相抵触。然而，我们每位众生内心深处都有慈悲的种子。众生可以利用自己的慈悲心慢慢助自己提升人生品质，完善人格，真正从各种烦恼和痛苦中解脱出来，获得喜乐人生。

有一个很自私的人，自私到连一粒米都舍不得给予他人，于

得喜乐

是人们都叫他吝啬鬼。

佛祖经过他住的地方，得知此事，便决定登门点化他。

佛祖耐心地给他讲了"要心怀慈悲，乐于帮助他人"的道理。在聆听了佛祖的教诲后。他似有所悟。这时，门外来了一个乞丐，于是佛祖便叫他前去施舍。他捧着一碗饭来到门前，可在给予的那一刻，他说什么也不肯松开自己的手。

试了几次，都无济于事。他只好沮丧地回到佛祖面前："我本想给他，可我就是放不开自己的手。"

佛祖略加思索，从怀里拿出一粒种子，放在他的左手里。"你把右手想成是别人，把左手想成是自己。现在你把这粒种子放在你的右手中。"

他疑惑地看了看佛祖，一想到要把东西给别人，他又开始有些舍不得了。可过了一会儿，他又笑了，因为他猛然意识到，把左手的种子交到右手，那不也是自己的手吗？并没有因此失去什么。如此一想，他便轻松地把那粒种子放在了自己的右手中。刹那间，他右手中的那粒种子竟奇迹般地长出了叶，开出了一朵美丽的花。

面对那朵美丽的花，那个自私的人忽然有所醒悟：原来给予很简单，就像把左手的东西交给右手，是件令人快乐的事情。

原来奉献如此美妙，就是在心里种下慈悲的种子，为自己开一朵美丽的花。

我们要深刻认识到，所有众生都有一个共同愿望和基本权利，那就是离苦得乐。把别人看成和自己一样，都希望得到快乐，远离痛苦，是启发慈悲心的有力方法。它将打开我们的心扉，激发我们的慈悲，使我们有更多智慧去了解如何关爱并帮助他人。

慈悲还是对付孤独和寂寞的绝妙良方。真正心怀慈悲的人，不会感到孤独和寂寞。因为他的内心始终充满无限之爱。他慈爱所有众生，也必然为每个众生所敬爱，而且他的爱是无私的、无我的。就像天上飘过的云，空中飞过的雁，不会留下任何踪迹，毫无牵挂和执著。

慈悲心是在人间万象中展现的人生至情，在人生至情中透露的人生至理。关注人生的至情和至理并不违背佛的意旨。发慈悲心，做菩萨行，饶益有情，普度众生，正是大乘佛的基本诉求。所谓"观色即空成大智，不住生死；观空即色成大悲，不住涅槃"。观色即空，就是悟到天地万物的存在都在不断变幻，所谓高岸为谷，深谷为陵，沧海桑田。就像古希腊哲学家赫拉克利特所说"你不能两次踏进同一条河流"，就像苏东坡在《前赤壁赋》中所说"自其变者而观之，则天地曾不能以一瞬"。

从变化的角度看，天地万物每时每刻都在发生着变化，科学家告诉我们连宇宙最后都要毁灭，我们看到的大千世界终究要归于空无。佛家认为，认识到这个道理就是大智慧，有了这个大智慧，你就不会太执著于人生表象，就可以化解烦恼，超越生死无常，走上喜乐之路。

得喜乐

走出烦恼的围城

时常保持空灵的心境，就不会为烦恼所扰。勇敢地从烦恼中走出来，不要为自己能力无法改变的事情烦恼，走出了欲望也就走出了烦恼。

人海茫茫，红尘滚滚，心灵在有限的疆域内是多么的狭窄和备受禁锢。熙攘的世界背后是自然、洒脱，和自由的缺席。为物所扰，为己所累，是现代众生的一大生存困境。只有放下心中的枷锁，才能将自己解放出来。融入自然，心才会在无限的空间里驰骋。令人期待的放松，从心开始。等有一天，众生做到了剥去层层包裹，让呼吸释放于天地万物，人生的喜乐便会扩散到一个无限的世界中去……

人来到世上第一次出声就是啼哭，好像今后永远伴随的是无尽的磨难。仔细想一想确实如此，众生常说快乐的童年，但童年是人一生中流泪最多的，到少年看似无忧无虑，却从此背上了沉重的书包，青年是人生中最美好的时光，却也是最爱生烦恼的年龄——就业、恋爱……有快乐但烦恼也伴随左右，中年开始为岁月的流逝而平添忧愁，到了老年又饱受病痛折磨，且害怕死亡的来临……

第四章　化解烦恼，走上喜乐路

人的一生，总免不了磕磕碰碰，有愁绪也有烦恼，坎坷和磨难更是在所难免，那么，每当这个时候，我们该怎样去处理呢？

虽说人生短暂，但就其过程而言，人生又是漫长的，又怎会没有烦恼？面对烦恼，暴跳如雷、大发脾气十分不可取！老年人动肝火，于健康无补，万一有心脏病或高血压更糟；小伙子易冲动，最容易做出难以弥补的后果；中年人动怒则有失风度，且会引起心脑疾病；女士则作践了自己精心选购的化妆品，令自己容颜早衰。所以说，不管谁生烦恼都会给这个社会增添不和谐的声音。

人生是一个五彩缤纷的万花筒，就看我们怎么去看待。烦恼太多，往往是我们的思维太习惯、太传统、太世俗，看不惯眼前的一切。如果变换一下视野，转换一个角度，也许就完全不一样。普通百姓，虽位卑平庸，但无官一身轻，少惊少咋，活得安闲、自在。贫穷虽让人忧愁，但无需防人谋财害命，无需提心吊胆，也有福在其中，不失为一种"不风流处也风流"的洒脱。如果善于从坏中去发现好，从苦中去寻找甜，烦恼便会渐渐转化为喜乐。

"烦恼"二字，从结构上看，从心从火，治本之道在于心，所以人们常说"灭却心头火自凉"。只要我们的内心世界一片清凉，就不会有烦恼。人生不如意的事实在太多，不要把一切都设想得太圆满、太美好。欲望尽可能少些、低些、淡些，心胸宽些、广些、随缘些，就会开心、喜乐地走完自己的一生。

其实，只要是人，都有烦恼的时候。倘若我们是天生感情丰富的人，烦恼更多。回顾走过的路，好像烦恼多于喜乐。是上天真的待我们太薄吗？不是的，其实，还有很多人把我们当做羡慕的对象。问题是，我们总不知足，认为以自己的条件，可以过得更好，拥有的财富可以更多。欲望导致我们有更多的烦恼。俗话说："人比人，气死人。"但是，如果我们总在境遇上比差的，做人上比好的，心中便有了优越感，也有了向上追求的目标，心中的烦恼便烟消云散了。天宽地阔，眼前的一切便变得那么的可爱，也有了心旷神怡之感。此时，喜乐已悄悄布满了我们整个心田。

有人说人生下来就和烦恼结下了不解之缘，但也不尽然，关键是看我们对人生的态度，若有一个正确的人生观和世界观——爽直、豁达、坦然、烦恼就会远离我们。

卢梭说："幸福是游移不定的，上苍并没有让它永驻人间。世界上的一切都瞬息万变，不可能寻索到一种永恒。环顾四周，万变皆生。我们自己也处于变化之中，今日所爱所慕到明朝也荡然无存。因此，要想在今生今世追索到至极的幸福，无异于空想。"但我们只要懂得享受当下的生活，不怀念过去，不奢想未来，真正领悟和学会了这一点，生活中则会减少许多无谓的烦恼。

以前有个小和尚，每天清早起床负责打扫寺庙院子里的落叶。这实在是一件苦差事，尤其在秋冬之际，每一次起风时树叶总是扫了又落。这让小和尚头痛不已，但又想不出一个好办法让自己轻松些。后来有个和尚跟他说："你在明天打扫之前先用力摇树，把落叶都摇下来，后天就可以不用扫落叶了。"小和尚觉得这办法不错，于是隔天他起了个大早，使劲地猛摇树，他想这样一来就可以把今天跟明天的落叶一次扫干净了。一整天小和尚都非常开心。但是第二天，小和尚到院子里一看，他不禁傻眼了。院子里如往日一样落叶满地。老和尚走了过来，对小和尚说："傻孩子，无论你今天怎么用力，明天的落叶还是会飘下来。"小和尚终于明白了，世上有很多事是无法提前的，唯有认真地活在当下，才是正确的人生态度。

第四章　化解烦恼，走上喜乐路

的确，人活在世上有许多的快乐和愉悦，也有不断的烦恼和无奈。认真地做好每一天的事情吧，无论结果如何，只要努力了，就该好好地睡上一觉。

"雁度寒潭不留影，风来疏竹不留声"，时常保持空灵的心境，就不会为烦恼所扰。烦恼的人生是痛苦的人生，烦恼会摧残人的身心，我们应勇敢地从烦恼中走出来。不要为自己能力无法改变的事情烦恼，走出了欲望也就走出了烦恼。

大势至菩萨（光明智慧）

第五章

宽恕众生，自己得喜乐

佛曰："不宽恕众生，不原谅众生，是苦了自己。"人活一世，莫拿别人的错误来惩罚自己，因为不值得；莫拿自己的错误去惩罚别人，因为当你伤害别人时，自己也会受到伤害。因此，要懂得宽恕众生。正所谓：海纳百川，有容乃大。心胸狭窄之人，烦恼填满胸腔；心胸宽阔之人，则智慧存于心间。正是所谓的气量、气度，才能将胸中郁结之气慢慢化解、消散。弘一法师有云：快乐不是拥有得多，而是计较得少。你计较得少了，喜乐自然便多了。

人生苦短，要做的事那么多，不该为一点半点的不顺心的事而义愤填膺。"心底无私天地宽"、"相逢一笑泯恩仇"应该成为众生的宽容心灵的写照。

第五章　宽恕众生，自己得喜乐

宽容赐人以力量

宽容不是天平一端的砝码，不停地忙碌，以维持着不断的平衡，而是人世间永恒的爱与包容。

由于六祖禅师慧能的名声远播，在岭南这块尚未开化的荒蛮之地，弟子越聚越多，寺庙扩建了十三座。因为慧能大师的弘化，这里原始落后的民风民俗为之渐渐改变。偏僻的曹溪，成了南中国的佛教文化中心。

慧能名气的壮大，引起了其他门下一些名利之徒的恐慌，他们聚在一起商议要杀掉慧能。于是，他们选定了一个头脑简单却又专爱"打抱不平"的人——张行昌。此人是壮怀激烈的男子汉，又是一个大孝子。当时，恰逢他母亲病重，为祈求母亲疾病痊愈，他专程进寺烧香。

这一群名利之徒，将张行昌请到寮房，编造许多慧能的故事，说慧能是如何的奸诈之徒，骗取了五祖的信任，盗取袈裟后连夜逃走，在岭南藏匿了十五年……那些人绘声绘色地哭诉，激起了张行昌除邪扶正的侠气。他怒火中烧，拍案而起，一口答应他们，前去岭南行刺慧能。临走之时，他们给了张行昌十两银子,让他为母亲请病看医,让张行昌十分感动。

来到曹溪,张行昌趁着夜黑人静潜入宝林寺准备行刺慧能。但是慧能提前得知了消息,没有让张行昌得手。张行昌看着端坐在禅床上,似乎周身都散发着神圣光芒的慧能,他匍匐在地,哀求慧能饶恕。

慧能说:"我并不欠你的命,你也没有伤害了我,我更不想对你怎么样。这是十两银子,你拿回去还给人家。你走吧,今后好自为之。"

张行昌先是目瞪口呆,继而泪流满面,他感觉到了前所未有的温情。他发自真心地向六祖慧能请求忏悔,当下发誓愿意出家,终生侍奉在慧能身边,以赎罪过。但是,慧能为了他的安全着想,让他先行离去,等事态平息之后,一定收他为徒。

张行昌含泪而去,之后隐姓埋名,到了一座小庙出了家,为了忏悔罪过他毅然开始了最为艰难的头陀苦行生涯。寒来暑往,十多年后,生态疲惫、面容憔悴的张行昌来到曹溪,跪拜在慧能膝下。慧能像一位慈母,抚摸着他的头顶,动情地说:"我已经想念你很久很久了,你怎么等到现在才回来呢?"之后,慧能禅师给他起名"志彻",他便常年跟随在慧能大师的身边。

这个鲁莽的杀手,一旦放下屠刀,不但悟透了宇宙人生的真谛,而且成为了慧能晚年十大弟子之一。

宽容,有时候比惩罚更有力量。宽容不仅仅包含着理解和原谅,更显示出气度和胸襟、坚强和力量。宽容的是别人,给自己的却是喜乐。张行昌正因为慧能的宽容而改变了他的一生。宽容是人特有的一种涵养,只有具有宽容美德的人才能获得别人的尊重与敬仰。

第五章 宽恕众生，自己得喜乐

英国的斯特恩说："只有勇敢者才懂得如何宽容；懦夫绝不会宽容，这不是他的本性。"这正是众生所需要的，一种饱含着爱心和人性、呈现出智慧和力量的宽容。

宽容在现实生活中也体现出巨大的力量。因为批评会让人不服，谩骂会让人厌恶，羞辱会让人恼火，威胁会让人愤怒。唯有宽容让人无法躲避，无法退却，无法阻挡，无法反抗。蔺相如对廉颇傲慢无礼的宽容忍让，最终感化廉颇负荆请罪，留下千古美谈将相和，使赵国虽小而无人敢犯。当然，宽容并不等于懦弱，我们是在用爱心净化世界，而不是含着眼泪退避三舍。宽容不是天平一端的砝码，不停地忙碌，以维持着不断的平衡，而是人世间永恒的爱与包容。投之以木桃，报之以琼瑶，把宽容插在水瓶中，她便绽出新绿；播种在泥土中，她便长出春芽。

生活如海，宽容作舟，泛舟于海，方知海之宽阔；生活如山，宽容为径，循径登山，方知山之高大；生活如歌，宽容是曲，和曲而歌，方知歌之动听。让我们以坦荡的心境、开阔的胸怀发现事物的美好，感受生活的美丽，把心中的宽容之灯点燃，去照亮通往未来的小径，不需山重水复，便可柳暗花明。

心有多宽，世界就有多大

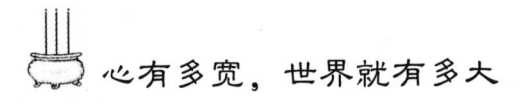

一个人的修养有多高、境界有多高，看到的境物就有多高。拥有一颗澄明、宽容的心，就会拥有一个澄明、宽容的世界。

心中世界的大小，完全在于心的大小。如果你的心胸狭隘，那么世界就很狭小；如果你的心胸很宽广，世界就是宇宙。如果我们能把心扩大到无穷无尽的时间、空间里面，那么世界就会很宽广，即所谓："心有多大，舞台就有多大。"

宋代大文豪苏东坡与佛印禅师是方外之交，两人经常在一起畅谈佛学。令苏东坡不服气的是，自己的文才与好友佛印禅师不相上下，并且自己的佛学功底也不浅，怎么总是被禅师占了上风。所以他百般用心，总琢磨着怎样才能赢过禅师。

一天，两人对坐默默坐禅，苏东坡脑筋一转，突然发难佛印禅师说："请问禅师，你看我此时坐禅的样子像什么？"

佛印禅师心平气和地答道："依我观之，居士好比一尊清净无染的佛啊！"

苏东坡听后，表现出满怀得意的样子。

此时，佛印禅师反问道："居士看我此时坐禅的样子像什么？"

苏东坡正在忘形之时，看到佛印一身褐色的僧服，便揶揄道："和尚活像一堆牛粪。"

佛印禅师听了，不怒反笑，默然不语，然后怡然自得地闭目养神。苏东坡很得意，回家后迫不及待地向妹妹苏小妹炫耀了一番，并且说："今天总算占了佛印禅师的上风。"

苏小妹听后，禁不住"呸"了一声，问他："且问哥哥，是佛名贵呢，还是牛屎名贵？"苏东坡瞪大眼睛，不明白妹妹的话是什么意思。

苏小妹笑道："哥哥！你今天输得最惨啊！佛说'相由心生'，因为佛印禅师内心清净，心里想的是佛，没有妄念，所以禅师视一切众生皆是佛。而你心中妄念纷飞，全是污秽不净的念头，所以你把六根清净的佛印禅师竟然看成了一堆牛粪，难道你这还不算输得很惨吗？"

苏东坡听得瞠目结舌，方才恍然大悟。

语言是人的精神世界的表现，是心灵的图画，正所谓言为心声。人的道德修养主要表现在语言方面，言语不端，往往表明修养不好。言语有时虽然可以掩盖人真实的内心世界，但最终都会自觉或不自觉地透露心机。

一个人的修养有多高、境界有多高，看到的境物就有多高。拥有一颗澄明、宽容的心，就会拥有一个澄明、宽容的世界，如果你看人都是不好的地方，那么你的心灵也是阴暗的。如果你的心灵是污秽阴暗的，那么你眼中的世界也不会是光明的。

得喜乐

以德报怨，唯有修心方得平安

仇恨让你的心灵生活在黑暗之中；而宽恕却能让你的心灵获得自由，获得解放。宽恕别人的过错，可以让你的生活更轻松、喜乐。

一位老人，为了让儿子们多一些人生历练，便对他的三个儿子说："你们三人出门去，三个月后回来，把旅途中最得意的一件事告诉我。我要看你们中哪一个所做的事最让人敬佩。"之后，三个儿子就动身出发了。

三个月以后，三个儿子回来了，老人就问他们每人所做的最得意的事。

长子说："有个人把一袋珠宝存放在我这里，他并不知道有多少颗宝石，假如我拿他几个，他也不知道。但等到后来他向我要时，我原封不动地归还了他。"老人听了之后说："这是你应该做的事，若是你暗中拿他几颗，你岂不变成了卑鄙的人？"长子听了，觉得这话不错，便退了下去。

次子接着说："有一天我看见一个小孩落入水里，我救他出来，他的家人要送我厚礼，我没有接受。"老人说："这也是你应该做的事，如果你见死不救，你心里怎能无愧？"次子听了，也没话说。

最小的儿子说："有一天我看见一个病人昏倒在危险的山路上，一个翻身就可能摔死。我走上前一看，竟然是我的宿敌，过去我几次想报复，都没有机会。这回我要置他于死地可以说是不费吹灰之力，但是我不愿意暗地里害他，我把他叫醒，并且送他回了家。"老人不等他说完，就十分赞赏地说道："你的两个哥哥做的都是符合良心的事，而你所做的是以德报怨，彰显出良心的光芒，实在是难得。"

"佛说原来怨是亲"，纵使别人怨恨我们，我们都要拿他当自己的亲人，都要感谢他。为什么呢？因为没有他人制造的"磨难"，我们的心就无从提高。

做该做的事，仅仅是不昧良心，但做到原来不易做到的事，却显出心胸的宽广仁厚。常人要想成就一番事业，都得经过九九八十一难，更何况我们追求的心灵修行？你若能悟，就能把加害、诽谤你的人当做亲人。学会宽恕别人的过错，就是学会善待自己。仇恨只能永远让你的心灵生活在黑暗之中；而宽恕却能让你的心灵获得自由，获得解放。宽恕别人的过错，可以让你的生活更轻松、喜乐。

佛经中有句话说："佛印的心宽遍法界，即心即佛。"这句话是号召僧众要懂得宽恕，这样才能具有佛心，求得佛果。正如有位作家说："当一只脚踏在紫罗兰的花瓣上时，它却将香味留在了那只脚上。"

一位名叫卡尔的卖砖商人，由于另一位对手的竞争而陷入困难之中。对方在他的经销区域内定期走访建筑师与承包商，告诉他们：卡尔的公司不可靠，他的砖块不好，其生意也面临即将歇业的境地。

卡尔对别人解释说，他并不认为对手会严重伤害到他的生意。但是这件麻烦事使他心中生出无名之火，真想"用一块砖来敲碎那人肥胖的脑袋作为发泄"。

"有一个星期天的早晨，"卡尔说，"牧师讲道的主题是：要施恩给那些故意让你为难的人。我把每一个字都记下来了。就在上个星期五，我的竞争者使我失去了一份25万块砖的订单。但是，牧师却教我们要以德报怨，化敌为友，而且他举了很多例子来证明他的理论。当天下午，我在安排下周日程表时，发现住在弗吉尼亚州的我的一位顾客，正因为盖一间办公大楼而需要一批砖，而所指定的砖的型号却不是我们公司制造供应的，但与我竞争对手出售的产品很类似。同时，我也确定那位满嘴胡言的竞争者完全不知道有这笔生意。"

这使卡尔感到为难，是需要遵从牧师的忠告，告诉给对手这笔生意，还是按自己的意思去做，让对方永远也得不到这笔生意？

到底该怎样做呢？

卡尔的内心挣扎了一段时间，最后，也许是因为很想证实牧师是错的，他拿起电话拨到竞争对手家里。

接电话的正是那个对手本人，当时他拿着电话，难堪得一句话也说不出来。但卡尔还是礼貌地直接告诉他有关弗吉尼亚州的那笔生意。结果，对手很是感激卡尔。

卡尔说："我得到了惊人的结果，他不但停止散布有关我的谎言，而且甚至还把他无法处理的一些生意转给我做。"

卡尔的心里也比以前感到好多了，他与对手之间的阴霾也获得了驱散。

以德报怨，化敌为友，这才是你应该对那些终日想要让你难堪的人所采取的上上策。

当你的心灵为自己选择了宽恕别人过错的时候，你便获得了一定的自由。因为你已经放下了责怪和怨恨的包袱，无论是面对朋友还是仇人，你都能够报以甜美的微笑。佛法中常讲究缘分，在众生当中，两个人能够相遇、相识，那便是缘分。当你因为仇恨而与别人相识，不可否认的是，在你的心里已经牢牢记住了对方的名字，如果你因为整天想着如何去报复对方而心事重重，内心极端压抑，那么倒不如放下仇恨，宽恕对方。或许，因此你不但可以多一个可以谈心的好朋友，更会有一个快乐的人生。

怀揣以德报怨、充满爱的精神，我们才能找到心灵的家园。宽容就像是一味良药，医治人们心灵深处不可名状的跳动，滋生永恒的人性之美。我们不仅要宽容朋友、家人，还要宽容我们的敌人、对手，只有心存宽容，喜乐才会不请自来。

放开心胸，收获一段喜乐人生

宽恕是消除各种矛盾纠纷的有效方法。泰山不让土壤，故能成其大；河海不择细流，故能就其深。人生在世亦当如此，用宽广的胸怀去容纳、去承载。

为人处世以德为先，有才而无德之人，不会受到别人的尊重，更不可能成大气候。只有德才兼备的人，才能一呼百应，成就一番伟业。弘一法师对于"德"有全新注解：必有容，德乃大。一个人的德性，反映在他有多大的容人之量上。

弘一法师常说农夫锄草，是要除去对庄稼有害的东西；贤能的人，修养自己，是要除去对道德有害的东西。思考对道德没有好处的事情，这是思想中的糟粕；做对道德没有好处的事情，是行为上的糟粕。思想合乎道德，智力就是上等的；说话合乎道德，语言就值得学习；做事合乎道德，行为就值得模仿。射箭射不好，却想教人，没有人跟他学；品行不端，却想谈论人，没有人听。千里马虽然没有遇到伯乐，但也并不妨碍它是千里马。品行也是一样，虽然没有贤良的人赏识，但也不妨碍他是杰出的人才。

第五章　宽恕众生，自己得喜乐

纪伯伦说："一个伟大的人有两颗心：一颗心流血，一颗心宽容。"宽容待人，厚德载物，这已经成为了我们待人处事之道。一个人如果总是以敌视的眼光看世界，戴着有色眼镜看待周围的人，就会变得心胸窄小，也就不能有真正的伙伴和朋友，使自己陷入孤独与无助之中。而宽宏大量、与人为善、宽容待人，则会受到别人的尊重，也更容易被他人接纳，形成一种人格魅力，从而更容易成功。

武力可以使人屈服，却难以使人心服。要知道有时宽容引起的道德震动比惩罚更强烈。所以，高明的御人法，就是与人为善，容人之过，这样才能真正地让对方心服。

拥有开放的心胸，才能收获精彩的人生。唐太宗包容了魏征的直言不讳，接受了他的批评，使得唐朝日益兴盛；蒋琬包容杨戏，得到"宰相肚里能撑船"的美赞。这些都充分展示了宽容的力量。当我们付出了宽容，就能够收获一份喜乐，一份尊重。

无论是在俗时的李叔同，还是出家后的弘一法师，始终践行着宽容待人的处世之道，这也为他赢得了他人的尊重和悠然自在的喜乐人生。

弘一法师还在俗世时，曾在杭州的浙江第一师范学校教书，他教的是图画、音乐两科。这两科，本来是学生所忽视的，但自从他任教以后，却忽然被重视起来，几乎全校学生的注意力都被他吸引过去了。课余但闻琴声歌声，假日常见学生成群结队外出写生。究其原因，一是因为他在这两科的实力充足，二是由于他的感化力大。他的感召力全由他对待学生宽容和蔼的态度中显现出来。

入佛门之后的弘一法师更加谦卑宽厚，他把"宽容"看成一种暖流。在他眼里，人与人之间的相处之道，最重要的是宽容。所以他说："以宽厚的心胸来对待同事、朋友，就像春天的阳光一样，使每个接触的人都感到温暖、祥和、喜乐。"

曾经有人当着弘一法师的面说佛法是封建迷信，只会糊弄人，没有任何可取之处。面对这种有失偏颇的话弘一法师并未严厉斥责，而只是一笑了之，用微笑将所有的诋毁和猜疑瞬间击碎。后来，那个诬蔑佛法的人也被弘一法师宽容的品德所感化，竟然成了他的座下弟子。弘一法师的做法，无疑就是对于宽容的最好诠释。

"人非圣贤，孰能无过"，很多时候，每个人都需要宽容，得饶人处且饶人，这不仅是给别人机会，更是为自己创造机会。

在人生的道路上，宽恕是消除各种矛盾纠纷的最有效的方法。泰山不让土壤，故能成其大；河海不择细流，故能就其深。人生在世亦当如此，用宽广的胸怀去容纳、去承载。只有不断地去宽恕众生，才能取得事业上的成功，收获一段喜乐的人生。

第五章　宽恕众生，自己得喜乐

人生是宽容的进行时

佛曰：一念起，万水千山；一念灭，沧海桑田。念由心生，如果你的心只是一个杯子，一勺盐就已让你尝尽咸味；如果你的心广阔如湖，再多的盐也不会有咸的感觉。

雨果说："世界上最宽阔的是海洋，比海洋更宽阔的是天空，比天空更宽阔的是人的胸怀。"众生的心就是一个无形的容器，可以装一滴水，也可以容纳无边无际的大海。一个海量的人不一定都能成就一番伟业，但他们的人生一定是被光明和喜乐充满着。

小沙弥问师傅："你整天说'境由心生，心为人之灵。'那么，人的心究竟有多大？"

禅师没有直接回答，而是说："你先闭上眼睛，在心里造一座大山。"

小沙弥真的闭上了眼睛，在心里描绘起大山来，过了一会儿，他睁开眼睛说："师父，我的大山造好了。"

禅师又说："你再造一根小草吧。"

小沙弥再闭目在心里造起了小草，又过了一会儿，他告诉师父小草造好了。

禅师说:"你心里想着到寺院门口去一下。"

小沙弥闭了眼,立刻就说:"师父,我已经到了。"

禅师说:"那再让你的心到天边去一次吧。"

小沙弥同样立刻就回答说:"师父,我已经到了。"

禅师问他:"你到寺院门口用的时间长,还是到天边用的时间长?"

小沙弥毫不犹豫地说:"一样长。"

禅师第三次发问:"大山很大,小草很小,大山上还长着无数小草。那么,你造大山时,是不是用全部的心思?而造小草时,是不是只用一部分的心思?"

小沙弥摇摇头说:"不管是造长满小草的大山,还是单单造就一根小草,都得用全部的心。"

于是,禅师开示说:"在心中到天边与到寺门口用的时间一样长,可见我们的心无快无慢。制造一座大山,是用一个心;制造一株小草,也得用一个心,可见心亦大亦小,能大能小。"

心中世界的大小,完全在于心的大小。如果你的心胸狭隘,那么你的世界也就很狭小;如果你的心胸很宽广,就能包容宇宙。所谓"三千大千世界尽在我们心中",我们如果能把心扩大到无穷无尽的时间、空间里面,那么世界就会很宽广。

生活中,经常有些人为一些芝麻小事抱怨命运不公,常常闷闷不乐,但有的人,却能够迎难而上,经得起打击,面对变故依然能够泰然处之。这源自于有些人的心仅仅只有方寸空间,而有些人的心却像大海那样宽广。

有一个师傅对于徒弟不停地抱怨这抱怨那感到非常厌烦,于

第五章 宽恕众生，自己得喜乐

是有一天早上派徒弟去取一些盐回来。

当徒弟很不情愿地把盐取回来后，师傅让徒弟把盐倒进水杯里喝下去，然后问他味道如何。

徒弟吐了出来，说："很咸。"

师傅笑着让徒弟带着一些盐和自己一起去湖边。

他们一路上没有说话。

来到湖边后，师傅让徒弟把盐撒进湖水里，然后对徒弟说："现在你喝点湖水。"

徒弟喝了口湖水。师傅问："有什么味道？"

徒弟回答："很清凉。"

师傅问："尝到咸味了吗？"

徒弟说："没有。"

师傅坐在这个总爱怨天尤人的徒弟身边，握着他的手说："人生的烦忧，如同这些盐有一定数量，既不会多也不会少。我们心的容积大小决定痛苦的程度。所以当你感到痛苦的时候，就把你的承受容器放大些，不是一杯水，而是一个湖，感受会大不同。"

佛曰：一念起，万水千山；一念灭，沧海桑田。念由心生，如果你的心只是一个杯子，一勺盐就已让你尝尽咸味；如果你的心广阔如湖，再多的盐也不会有咸的感觉。

在人生的道路上，总会遇到曲曲折折、坎坎坷坷，一帆风顺是不存在的。但事实上，生活本身并没有什么烦恼，而是因为人们缺少一颗包容的心和一个开阔的视野。所以，若想有一个喜乐的人生，就要拥有一颗澄明宽阔的心，这样就会有一个澄明宽阔的世界，就能够给灵魂更多自由飞翔的空间。

得喜乐

仇恨是一个无知的牢笼

仇恨是一张无形的大网,它会把众生囚禁在烦恼的暗室中,把喜乐拒绝在门外;仇恨是一片懦弱的树叶,它会遮住众生的双眼,让众生看不到世界的美好,迷失人生的方向。

仇恨是人类情感的毒素。心怀仇恨的人看似受不到别人的伤害,但是"毒素"首先伤害的便是他们自己。

在古希腊神话中,有这样一则故事:一个路人随意地去踢道边的小球,谁知这玩意越踢越大,而这路人觉得蹊跷,不断地踢,最终这个小球居然不断膨胀,顶天立地,吓得此人畏惧不已。这时,雅典娜女神出现了,告诉他,这个小球叫"仇恨",如果你不去碰它,它会安然无事,如若它遇到不断地撞击就会加剧膨胀,一发不可收拾。

现实中,仇恨的"小魔球"不是在你成长的路边,而是摞在了心中,每当你看到一件让你觉得可恨的事情时,就不断撞击心中仇恨的"魔球",终有一天你的心会被仇恨涨破。

人生在世,谁也不可能完全避免来自于他人的伤害,但要避免升起仇恨的心理,因为仇恨会扭曲众生的心灵、丑陋众生的容

第五章　宽恕众生，自己得喜乐

颜。仇恨是一张无形的大网，它会把众生囚禁在烦恼的暗室中，把喜乐拒绝在门外；仇恨是一片懦弱的树叶，它会遮住众生的双眼，让众生看不到世界的美好，迷失人生的方向；仇恨是一团低沉的乌云，它会让众生的心灵缺乏阳光的照耀，这团乌云的阴霾会扭曲人性。仇恨，会成为你挥之不去精神重负的源头，它惯于纠缠，会让你寝食不安、坐卧不宁，让你因难以释怀而恶梦连连，仇恨就是你的心魔，一旦被缠上，很难抽身而去，也会远离生活中的喜乐。

古人云："江海所以能为百川者，以其善下之也"，宽以待人，历来被我国历史上的贤才仁士所推崇。"唯宽可以容人，唯厚可以载物"。

东汉时，班超一行在西域联络了很多国家与汉朝和好，但龟兹恃强不从，班超便去结交乌孙国。乌孙国王派使者到长安来访问，受到汉朝友好的接待。使者告别返回，汉帝派卫侯李邑携带不少礼品同行护送。李邑等人经天山南麓来到于阗，传来龟兹攻打疏勒的消息。李邑害怕，不敢前进，于是上书朝廷，中伤班超只顾在外享福，拥妻抱子，不思中原，还说班超联络乌孙、牵制龟兹的计划根本行不通。

班超知道了李邑从中作梗，叹息说："我不是曾参，被人家说了坏话，恐怕难免见疑。"他便给朝廷上书申明情由。

汉章帝相信班超的忠诚，下诏责备李邑说："即使班超拥妻抱子，不思中原，难道跟随他的一千多人都不想回家吗？"诏书命令李邑与班超会合，并受班超的节制。汉章帝又诏令班超收留李邑，与他共事。

李邑接到诏书，无可奈何地去疏勒见了班超。班超不计前嫌，很好地接待李邑。他改派别人护送乌孙的使者回国，还劝乌孙王派王子去洛阳朝见汉帝。乌孙国王子启程时，班超打算派李邑陪同前往。

有人对班超说："过去李邑毁谤将军，破坏将军的名誉。这时正可以奉诏把他留下，另派别人执行护送任务，您怎么反倒放他回去呢？"

班超说："如果把李邑扣下的话，那就气量太小了。正因为他曾经说过我的坏话，所以让他回去。只要一心为朝廷出力，就不怕人说坏话。如果为了自己一时痛快，公报私仇，把他扣留，那就不是忠臣的行为。"李邑知道后，对班超十分感激，从此再也不诽谤他人。

《菜根谭》中说，面前的田地要放得宽，使人无不平之叹，身后的恩泽要流得久，使人有不匮之思。

生活中，一个心胸狭窄的人，凡事都跟人斤斤计较，如此必然招致他人的不满。人在世时宽以待人，善以待人，多做好事，遗爱人间必为后人怀念，所谓"人死留名，豹死留皮"，爱心永在，善举永存。若想恩泽要遗惠长远，则应该多做在人心和社会上长久留存的善举。只有为别人多想，心底无私，眼界才会广阔，胸怀才能宽厚。

日本战国时代，上山千信和武田信玄是死对头，他们在川岛会战之后，又打了好几次激烈的仗。有一天，一向供应食盐给信玄的今川氏和北条氏两个部落，都和信玄起了冲突，因此中止了食盐的供应。而信玄的属地申州和信州又都是离海很远的内陆，不生产食盐，因此使这两州的人民都陷入了无盐的困境。

千信听到这个消息后，马上写信给信玄说："现在今川氏和

第五章 宽恕众生，自己得喜乐

北条氏都中止了食盐的供应，使你陷入困境，我不愿趁火打劫，因为那是武将最卑鄙的做法。我还是希望在战场上和你分个胜败，所以食盐的问题，我来帮你解决。"千信按照诺言，请人运送大批的食盐到申州和信州，替信玄解决了问题。所以信玄以及两州的人民都很感激千信。

一般人的心理都会因敌人陷入困境而幸灾乐祸，同时也会觉得，可利用这种难得的机会打败敌人。可是千信并不这么想，虽然他和信玄是死对头，又不断交战，但目的只是在争个高低，而不是要陷百姓于困境。所以千信认为：虽然两国正在战争，但面对敌人因为没有食盐而陷入困境时，理应先设法拯救，至于争夺胜负，那是战场上的事。千信有这种气度，正是他伟大的地方。

朱莉娅·韦奇伍德夫人说："所有精神礼物中，最珍贵的便是理性的宽容；文明的最大教训便是我们一定要相信那些我们无法预见的困难。"在这世界上，竞争是免不了的，对立有时也是必要的。想要真正静下心修行的我们，应该学习千信那种不分彼此，甚至具有爱护竞争对手的同情心，才算是真正的英雄豪杰。

平日里生活的点点滴滴，或许正酝酿着一瓶酒性干烈的老窖，或许正进行着一次无关紧要的争吵。当我们一不留神被仇恨拥抱时，要非常地警醒，一定不要总被它黏糊着，因为这些不起眼的细枝末节有可能会吞噬我们大量的喜乐并污染我们的心灵。

清代学者张潮有一句话："律己宜带秋风，处事宜带春风。"让我们多一些长远的眼光，少一些狭隘的想法；多一些磅礴大气，少一些小肚鸡肠；多一些理解、宽容，少一些埋怨，这才是现代有为之人所必备的气质和胸怀。当你拥有这种豁达的心态你便拥有了喜乐的人生。

得喜乐

宽恕是最大的救赎

一个真心向善的念头,是最罕有的奇迹,好像佛桌上开出的花朵。而让奇迹陨灭的,不是错误,而是一颗冰冷的、不肯原谅、不肯相信的心。

有一位信徒在佛殿礼好佛后,便信步到花园里散步,碰巧看到园头(负责园艺的僧众)正埋首整理花草。只见他一把剪刀在手中上下翻飞,或将枝叶剪去;或将花草连根拔起,移植到另一个盆中;或对一些枯枝浇水施肥,给予特别照顾……让人眼花缭乱而又有条不紊。

信徒不解地问道:"园头禅师,你为什么将好的枝叶剪去,而给那些看上去已经死去的枯枝浇水施肥,还把一些花儿从这盆移到另一个盆中,甚至在根本没有植物的土地上锄来锄去?照顾花草,有必要这么麻烦吗?"

园头禅师说:"照顾花草,同教育弟子一样,众生要怎么教育,花草也是。"

信徒听后,不以为然地说:"花草树木,怎能和人相比呢?"

园头禅师头也不抬地说:"首先,我剪去的枝叶看似繁茂,

却全是生长错乱，不合规矩的花，一定要去其枝蔓，摘其杂叶，免得它们浪费养分，将来才能发育良好。这就如收敛年轻人的气焰，去其恶习，使其纳入正轨一样。第二，我将花连根拔起植入另一个盆中，目的是使植物离开贫瘠，接触沃壤。这就如使年轻人离开不良环境，到另外的地方接触良师益友，求取更高的学问一般。第三，我特意为枯枝浇水，是因为那些植物的枯枝看起来已死，却蕴涵着无限生机。就如一切不良弟子，并非不可救药，万万不可对他们灰心放弃，须知人性本善，只要悉心爱护，照顾得法，终能使其重生。第四，我在空旷的土地上锄来锄去，因为泥土中有种子等待发芽，需要松土助其发芽。就如那些贫苦而有心向上的学生，助其一臂之力，使他们有机会茁壮成长！"

信徒听后欣喜地说："园头禅师，谢谢您替我上了一堂育才课！"

《涅槃经》云："情与无情，同圆种智。"世上没有不可救的生命，没有不可教的人才。对待每一位众生，都需要宽容一些，因材施教，针对每个人的特点对症下药。只要细心爱护，照顾得法，便可使枯木逢春，激发其无限生机。

曾经有一个小和尚博闻强识，聪慧伶俐，甚得方丈器重。方丈将毕生所学尽数相授，希望自己圆寂后他能接掌自己的衣钵，成为一个出色的佛门弟子。

没想到有一天小和尚忽然动了凡心，偷偷溜下山去，从此混迹花柳，放浪形骸，又常做些不法之事。

几年后的一个深夜，微风拂面，月色如流水般洒遍山野。当年的小和尚忽然忏悔了，对自己这几年的所作所为懊悔得无以复加，他披衣坐起，日夜兼程赶往寺里请求方丈原谅，想重新皈依方丈座前修行。方丈深深厌恶他在山下的恶行，不愿再看到他，说："你罪孽深重，必堕阿鼻地狱，若想佛祖饶恕，除非桌子上开花。"他失望地离开了。

第二天，方丈进佛堂诵经，刚一进门，便看见佛像前的桌子上开满了大簇大簇的花朵。方丈在瞬间大彻大悟，连忙下山四处寻找弟子，但却为时已晚，心灰意冷的浪子又过起了荒唐的生活，而佛桌上的那些花朵只开放了短短一天便枯萎了。

是夜，方丈圆寂了，他在圆寂前对围在身边的弟子们说："你们要牢记：这世上，没有什么歧途不可以回头，没有什么错误不可以改正。"

一个真心向善的念头，是最罕有的奇迹，好像佛桌上开出的花朵。而让奇迹陨灭的，不是错误，而是一颗冰冷的、不肯原谅、不肯相信的心。

《汉书·东方朔传》上写道："水至清则无鱼，人至察则无徒。"意思是：水太清就没有鱼；人过于苛刻，对别人求全责备，就不会有朋友。宽容别人的过错，是一种进步，更是一种成人之美。当然宽容不是没有任何原则的放任，不是容忍一切，更不是低俗与软弱的杂糅，而是一种美德，是一种大智慧，更是一种创造和谐与淡化矛盾的稀释剂。播下宽容，就可以收获喜乐，送出宽容，就可以收获尊重。学会宽容，就可营造温馨而和谐的环境。

第五章　宽恕众生，自己得喜乐

宽容别人与得到宽容是相对的

当你用烦恼心来面对事物时，你会觉得一切都是障碍，世界也会变得丑陋不堪。世界是互动的，你给世界几分爱，世界就会回馈你几分爱。爱带给众生的收获远远大于恨带来的暂时的满足。

生活中，我们经常会碰到很多使人感到无奈的事，有时候也会碰到一些恶意的、对不起我们的人，如果不学会宽容，你就会让自己陷入无穷无尽的烦恼之中，永无解脱之日。相反，面对一个小小的过失，一个淡淡的微笑就能带来包涵和谅解，这就是宽容。

在生活中，能以律人之心律己，以恕己之心恕人，不去苛求任何人，也是一种宽容。宽容不是胆小无能，宽容是一种修养，是一种品质；宽容是一种伟大，更是一种美德。做人要宽容，宽容他人，也是宽容自己。人生如此短暂匆忙，我们又何必把每天的时间都浪费在一些无谓的摩擦之中呢？俗语有"宰相肚里能撑船"之说，正说明一个人的度量大，性格豁达方能纵横驰骋天下。

一个年轻人遭遇了许多误解和挫折，由于得不到别人的理解，变得愤世嫉俗，对待别人总是充满戒备和仇恨。他整日都感到十分压抑，觉得整个世界好像都在排斥他，因此度日如年，几乎要崩溃了。

有一天为了散心，他登上了一座景色怡人的大山。坐在山上，他仍无心欣赏幽雅的风景，脑中总是回想着自己的种种遭遇，愈想愈气愤，内心的仇恨像开闸的洪水一样，终于忍不住大声地对着空荡幽深的山谷喊："我恨你们！我恨你们！我恨你们！"话一出口，山谷里传来同样的回音："我恨你们！我恨你们！我恨你们！"他一听更是火上浇油，又提高了喊叫的声音。他骂得越厉害，回音越大越长，这让他更恼怒。

这时，忽然从身后传来了"我爱你们！我爱你们！我爱你们！"的声音，他扭头一看，只见不远处寺庙里的一位禅师正冲着大山大喊。片刻后禅师微笑着向他走来，笑着问他为何如此，他便一股脑地说出了自己遭遇的一切。

听了他的讲述，禅师笑着说："晨钟暮鼓惊醒多少山河名利客，经声佛号唤回无边苦海梦中人。世界是一堵墙壁，爱是世界的回音壁。就像刚才我们的回音，你以什么样的心态说话，它就会以什么样的语气给你回音。你不妨先改变自己的习惯，试着用友善的心态去面对周围的一切，你会有意想不到的喜乐。"

听了禅师的话，年轻人恍然大悟。想到自己以前天天恨天怨地，充满仇恨，他羞愧得无地自容。

回家后，年轻人以积极、健康、友善的心态对待身边的一切，他和别人之间的误解消除了，再没有人和他过不去，工作也比以往顺利多了，他发现自己变得快乐多了。

当你用烦恼心来面对事物时，你会觉得一切都是障碍，世界也会变得丑陋不堪。为人处世许多烦恼都是因为对外界苛求太多而产生的。你热爱别人，别人也会给你爱；你帮助别人，别人也会帮助你。世界是互动的，你给世界几分爱，世界就会回馈你几分爱。爱带给众生的收获远远大于恨带来的暂时的满足。

宽容能让别人轻松，也能抚慰自己。学会宽容吧！做人如果能够宽容一点，那么我们的生活就会变得更加和谐美好！一旦你拥有了宽容的美德，你将一生收获喜乐！

大精进菩萨（增强辩论）

第六章

抛却浮云，一切随缘，人生方才最快活

常言道："命里有时终须有，命里无时莫强求。"一切随缘，才是无道。佛说："若能一切随他去，便是世间自在人。"很多事情不是众生强求就能得到的，一切不如随缘，这样就会少很多烦恼和纠结，众生便可自在逍遥。

一切随缘并不是看破红尘后的一切无所谓，更不是在无所追求中的游戏人生，而是在培养一种宽容博大的淡泊情怀。拥有了一份可贵的喜乐，即便我们人生不能纯美如月，也依然会有一个开阔的精神家园。

第六章　抛却浮云，一切随缘，人生方才最快活

得意淡然，失意泰然

打造一颗"平常心"，抱定"得意淡然，失意泰然"这种生活信念的人，最终都会实现人生的突围和超越。

人的一生要面对的事很多，在面对大喜之事时，有的众生得意忘形，结果乐极生悲；有的众生以平常心处之，悠然自得。在面对大难之灾时，有的众生悲痛欲绝，从此一蹶不振；有的众生以平常心处之，迎难而上，化悲伤为动力。人生无论喜与悲，都应该以平常心对待，真正做到"得意淡然，失意泰然"。

弘一法师俗名李叔同，号息霜，是我国近代史上著名的音乐家、教育家、书法家、画家、僧人。作为中国新文化运动的早期启蒙者，他一生从事各种艺术活动，在音乐、戏剧、绘画、书法、诗词等艺术文化领域中都有较高的建树，同时还培养了一大批优秀艺术人才。39岁之前他在艺术上取得了卓越的成就，也正是这一年，他放下了世俗的一切，削发为僧，开始了长达24年的在佛修行。

晚年的弘一法师变得更加谦逊，经常静下心来省察自己，希望自己的品德一天高尚于一天，希望做一个好人。

得喜乐

弘一法师认为自己所做的事虽然不完满，但是也不去求太完满。他解释说："我只希望我的事情失败，因为事情失败、不完满，才常常使我发大惭愧，能够晓得自己的德行欠缺，自己的修养不足，那样我才会更加努力用功，努力改过迁善！一个人如果事情做完满了，那么这个人就会心满意足，洋洋得意，增长他傲慢的念头，生出种种的过失来。"

在弘一法师看来，人不要因为自己做情做得好而得意忘形，也不因为自己失去什么而放声痛哭，这也就是我们所说的"不以物喜，不以己悲"。它是一种思想境界，是古代修身的要求，即无论外界或自我有何种起伏喜悲，都要保持一种豁达淡然的心态。

"塞翁失马，焉知非福"的故事想必谁都了解。在纷繁的生活中，我们就是要具备塞翁这种"得意淡然，失意泰然"的平常心，才会给我们带来生活中的和谐。人们总把太多的生活琐事放在心上，总是想这想那，担心自己，担心别人。其实这些成为心理负担的东西都是你自己放上去的，是你一点一点地给自己加上的心理压力，让自己活得累，心理生理都疲劳。

曾经有一部名叫《阿甘正传》的电影红遍了我国的大江南北。在电影里，主人公阿甘是一个智商只有75分的智力稍有不足者。在别人的眼中，阿甘无疑是十分不幸的。但是，就是这样一个看似不幸的人，最终却能够事事幸运，事事成功，这难道真的是幸运女神的眷顾吗？当然不是。真正的原因在于他能够拥有一颗平常心，懂得顺势，得意时能够淡然，失意时能够泰然，凡事都顺其自然。虽然不知道未来等待他的是灾难还是幸运，是痛苦还是快乐，但当这些事物来临时，他总能够从容地面对，让一切

第六章 抛却浮云，一切随缘，人生方才最快活

事情顺其自然地发展。

人的一生其实很短暂，人生的际遇更像浮云聚散不定。得意与失意并不是一成不变的，关键是看得意时，你该用什么样的心态去享受；失意的时候，你又是用什么样的心态去面对。所以说，任何时候，心态都非常重要。打造一颗"平常心"，抱定"得意淡然，失意泰然"这种生活信念的人，最终都会实现人生的突围和超越。

多闻天王（提振权势）

欲念使众生一直受缚

对于众生来讲，名、利、欲……尘世的诱惑与牵挂都是绳。只有剪断欲望之绳，挣脱束缚，看淡一切，才能让众生的心灵减负，让众生的身心得到解放。

在当今社会，由于心中的欲念，使众生在不知不觉中一直备受牵绊束缚。众生将自己紧紧捆绑在各种欲念的车轮上，在它的驱使下奔波旋转。众生以为得了前面的东西，就会罢手了，却不知，人有贪婪的弱点。换句话说，对很多众生来说，欲念是永远不会得到满足的，甚至越来越强烈，所以不少众生直到生命的最后一刻，还不肯松手。心中割舍不下的欲念，就是众生之所以感受不到喜乐，觉得人生过得辛苦的内因。

我们生活的世界上，在一个地方，有一种捕捉小猴子的妙法。

当地人在椰子壳上挖一个小洞，洞口的大小恰好能让小猴子空着手伸进去，却无法握成拳头拔出来。然后，他们或者将椰子壳拴到树上，或者固定在地下，再往洞中放一些猴子爱吃的食物。一个简单得无法再简单的陷阱，就这样做成了。他们躲得远远的，静候小猴子上钩。

几乎没有不贪吃的小猴子，也几乎没有小猴子能禁得住香喷喷食物的诱惑。

于是，小猴子闻香而来。它非常机警地向四周张望，没有人，真的没有人。起码，在它嗅觉范围内没有人的气味。其实，就算有人，就算人们突然出现在几丈远的地方，它也不怕。小猴子觉得，凭着它猴子的机灵与敏捷，凭着它出色的弹跳与攀爬能力，它可以轻而易举地逃离而去。人们只能看见其影，却无法追上其踪。

"哈哈，抓住啦，抓住啦！"小猴子得意忘形，因为它已经将食物紧紧抓在了手中。但是，它虽然馋涎欲滴，却无法将美食送到口中。因为直着伸进洞中的手，握成拳头之后，却无法再拔出来。

设置陷阱的人来了。小猴子惊惶失措，心惊胆战，却无法逃脱。

并没有谁捉住小猴子，没有任何东西紧紧抓住它不放，连那只椰子壳中也没有任何机关。恰恰相反，是小猴子自己抓住了自己，因为它伸进椰壳中的手仍在紧紧抓着食物不放，于是就将自身紧紧捆绑在了这里，死死束缚在了椰子壳上。而它，只要将手中的美食放下，把手松开，就能将手从椰子壳里拔出来，随时都可以逃之夭夭。然而，鲜有猴子能在这种情况下逃脱。因为，心中的贪欲，在不知不觉中使它紧紧握着到手的东西，始终不肯放下。

是谁捉住了猴子？是谁捆绑着我们？

如果将陷阱中的食物换成金钱、美色、官位、名声，试问天下，看到这些东西，有几人能不去抓？已经将这些东西紧紧摸在手中的人，又有几人能够放下？

佛以"放下万缘"来感化愚昧的众生，那么，众生就应该学会放下欲念，正所谓"放得功名富贵之心，便可脱凡"。

有一个后生从家里去一座禅院，在路上他看到了一件十分有趣的事，想以此去考考禅院里的老禅师。来到禅院，他与老禅师一边品茶，一边闲聊，突然，这后生问了一句：

"什么是团团转？"

"皆因绳未断。"老禅师随口答道。

后生听到老禅师这样回答，顿时惊讶不已。

老禅师见状，问道："什么使你如此惊讶？"

"不，老师父，我惊讶的是，你怎么知道答案的呢？"后生说："我今天在来寺院的路上，看到一头牛被绳子穿了鼻子，拴在树上，这头牛想挣脱那棵树，到草地上去吃草，不过任它怎样绕着树转也都不得脱身。我在想师父您没看见，肯定答不上来，哪知师父开口就答对了。"

老禅师微笑着说："你问的是事，我回答的是理，你问的是牛被绳缚而不得解脱，我答的是心被俗务纠缠而不得超脱，一理通百事啊。"后生大悟！

绳未断，而让牛不得解脱。对于众生来讲，名是绳，利是绳，欲是绳，尘世的诱惑与牵挂都是绳。人生三千烦恼丝，皆是因这欲念之绳斩不断，理还乱。因此，只有剪断欲望之绳，挣脱束缚，看淡一切，才能让众生的心灵减负，让众生的身心得到解放。

苏东坡有文云："寄蜉蝣于天地，渺沧海之一粟，哀吾生之须臾，羡长江之无穷。"必死乃自然之道，富贵则是人为的迷障。能斩断欲望，才有一生的喜乐。

第六章 抛却浮云，一切随缘，人生方才最快活

守住欲望的底线

一个人幸福与否，并不取决于物质上的丰裕或贫乏，而在于人的心态和价值取向。众生应该现实地面对生活，不要迷失在欲望之中。

我国唐朝著名的文学家柳宗元在《柳河东集》中写过一个寓言《蝜传》，揭示了欲望过多，必定会遭受无限苦果的道理：

蝜形体比蜗牛要小，自己没有壳，是一种天生喜爱背东西的小黑虫子。它在爬行时不管遇到什么东西，如吃剩下的食物或沙粒、草叶等杂物，总是抓取过来放在背上，继续前行。于是，东西愈压愈重，即使非常疲惫它也不会放弃。它的背很粗糙，因而东西堆上去不会散落。有时候它背上的东西太重，越积越沉疲劳到了极点，也不肯放下，两只后腿就搂着背上的东西，走路时一摇一晃的，累得半死。

有一天，它在爬行的路上发现了蜗牛的壳，觉得可以用来作为自己的房子，以后不用担心风吹日晒了，就背在了背上。

爬了没多远，又发现一个更大更漂亮的蜗牛壳，又舍不得丢下原来的，怎么办呢？就两个一块背着。但两个又不好背，就用

了很多唾液、鼻涕、眼泪黏合在了一起，继续走路。没走出多远，又看到一个更好的，于是又用眼泪、唾液将它黏合在一起，继续前进，如此一来它被累得上气不接下气。

有人见它如此辛苦的样子，心生怜悯，就替它去掉背上的东西。可是当蚆能爬行，又把东西像原先一样抓取过来背上。这种小虫又喜欢往高处爬，用尽了它的力气也不肯停下来，导致跌倒，最后摔死在地上。

人是万物之灵，按理说，不会犯下像蜥蚆这类低等动物所犯的错误，但现实生活中的大多数人都扮演着蜥蚆的悲剧角色，不断为自己的人生做加法。每个人从出生起，从赤身裸体、一无所有，不知自己姓甚名谁起，就开始了加法的人生，各式各样的东西、各式各样的名号开始添缀我们的生命。似乎身上拥有的东西越多，就越富有、越喜乐，到头来呢，却把自己弄得不堪重负、身心俱疲。

人生之所以会有痛苦，就是因为众生的内心有各种欲望无法满足，要想摆脱痛苦，获得喜乐，唯一的办法就是放弃自己内心的欲望。

有一个很有钱的商人，整日愁眉苦脸、心事重重的，晚上睡不着觉，白天精神恍惚。妻子看他这个样子非常担心，就建议他去看一看心理医生，并陪他来到了医院。医生看到他无精打采，双眼布满血丝，就问他，是不是饱受失眠的折磨呀？他说"是，痛苦死了"。医生笑着说："这不算什么大的毛病，你回去睡不着的时候，就闭着眼睛数羊吧。"于是商人便遵照医嘱，失眠的时候就数羊，可是一点效果都没有。第二天，他又来到医院问医生："为什么我还是睡不着呢？"医生问他数到了多少只。他答：

"两万只。"医生大惊，说数了这么多，居然还没睡着？接着又问他是做什么的，商人说："我是养羊的，加工羊毛、羊皮制品来卖钱。"商人又说道："本来是困了，但是一想到这两万头绵羊的羊毛要是不剪下来那多可惜啊，但是剪下来了销路又不知道怎么样，就越想越睡不着了。"

生活中最大的智慧就是明白自己真正需要什么，然后再剔除那些可有可无的东西。因为追求的东西过多，也就等于为自己的生活套上了沉重的枷锁。一个人的心灵若是丧失了自由，又谈何喜乐？

花开百朵，我折一枝。人生只有知足才能幸福。大千世界，万种诱惑，什么都想要，你会被活活累死。其实，一个人幸福与否，并不取决于物质上的丰裕或贫乏，而在于人的心态和价值取向。众生应该现实地面对生活，不要在无止境的欲望中迷失自己。

富贵如浮云，"贪"字变成"贫"

众生不必奢望拥有太多，只需要一缕阳光、一片绿叶，倾听花开的声音，体味自然的情怀，品读人生的淡然，"落霞孤鹜、野渡舟横"，便已经足够喜乐了。

七情六欲，本是人的天性。但其中物欲最容易使众生获得满足，获得快感。因此一旦放纵人的本性去无止境地寻求物欲的满足，就会使众生沉沦其中，从而迷失心智，引发贪念，直到理智丧失，最终成为欲、念的奴隶，如同深陷沼泽，无法自拔。

一对兄弟在去城里赶集的路上遇到了一位菩萨。菩萨对他们说："既然能够相遇就是有缘，既然如此，我告诉你们一个秘密吧。在你们家附近有一座山，这座山在某一天的某个时辰就会张开一个山洞，只要从洞口进去就可以看到无数的金银珠宝，这个洞里的黄金随便你们兄弟二人拿，但是一定要在太阳落山之前走出山洞，不然就会被闷死在大山底下。"

听完菩萨的话，兄弟二人非常高兴，就等着在那一天进入山洞去取那梦寐以求的黄金。这一天终于到来了，兄弟二人各自拿着准备好的袋子走进了山洞。眼前的景象果然如菩萨所说的一模

第六章　抛却浮云，一切随缘，人生方才最快活

一样，遍地黄金与珠宝。他们高兴地一直往自己的口袋里装黄金。

终于，哥哥的口袋装满了，他告诉弟弟该出去了，不然太阳落山之后就出不去了。可是弟弟说他的袋子还没装满呢。哥哥走过去一看，天呐，弟弟准备的是一个特制的大袋子，要想把这个袋子装满实在是不容易。而且问题是，就算是把这袋子装满了，也背不出山洞。哥哥把这个想法告诉了弟弟，弟弟不屑地说，只要哥哥帮他装满了袋子他就一定能够背出去。于是哥哥只好帮弟弟继续往袋子里装黄金，袋子终于装满了，太阳也要落山了，于是兄弟二人开始往外走。

一路上，只背着一小袋金子的哥哥走得飞快，可是弟弟却因为装的黄金太多而步履蹒跚。这时，太阳马上要落下去了，哥哥也走到洞口了，他看到太阳马上就要落山了，于是告诉弟弟赶快扔掉些黄金！可是弟弟根本就听不进去，执意要带着所有黄金一起走。在太阳落山的一刹那，劝不动弟弟的哥哥独自一人走出了洞口。当他回头再看时，只见整座山又像过去一样成为一个整体，根本就没有任何洞口的痕迹。就这样，贪婪的弟弟和他的黄金永远地被埋在了山底。

众生之所以贪婪，不是因为贫穷，而是因为不懂得满足，总是希望获得更多。正所谓"人心不足蛇吞象"。欲壑难填，到最终，只会让贪欲把自己葬送了。

贪婪是人性的第一大弱点。人原本赤条条了无牵挂地来，可是最后众生却不得不因为自己的贪婪而负重太多，最终惶惶终日，满目仇怨，不得喜乐。

世间种种祸端，种种痛苦，因贪婪所致者十之八九。但人如

得喜乐

果能经常知足，就会感受到喜乐；如果能不计较得失，就会感到一切如意。所以说，众生不必奢望拥有太多，只需要一缕阳光、一片绿叶，倾听花开的声音，体味自然的情怀，品读人生的淡然，"落霞孤鹜、野渡舟横"，便已经足够喜乐了。

持国天王（*益智增寿*）

第六章　抛却浮云，一切随缘，人生方才最快活

名与利皆为空

人生一世，紧握双拳而来，平摊两手而去。任你功名再大，也带不走什么。一餐一碗饭，一觉一张床，只有痛苦和喜乐是无限的。

有一个叫释空的和尚，学禅已久却始终不能顿悟。眼看比他晚入参禅的人都已日益精进，想想自己竟没什么长进，万般无奈之下他打算做个行脚的苦行僧。于是，他打点衣物，准备远行。

临行之前释空来跟师傅告别："师傅，学僧在您座下参学已有十余年，对禅仍是不甚理解，实在是辜负了您的期望。今日向您辞别，打算云游四方，望师傅保重。"

禅师听完之后，不露声色地说："哦，不甚理解就要走，难道到了别处就可以理解了吗？"

释空诚恳地回答道："我每天除了吃饭睡觉外，都在潜心悟道，但仍是不能悟道。而同时修行的师兄弟们，都已修成正果，回归根源。我的内心深处，已萌发了一丝倦怠，对自己也越来越失望，我想我还是做个行脚的苦行僧吧。"

禅师开示道："悟，本是一种内在本性的流露，根本无法形

容出来，也无法传达给别人。因此，学不来也不能着急。别人修的是别人的境界，你修的是你的禅，这本是两回事，为什么要混为一谈呢？"

释空答道："师傅，您不知道，我总是忍不住和人比较，每次都会觉得别人是大鹏鸟，而我是小麻雀的感觉，总是深感惭愧。"

禅师接着问："什么是大？什么又是小？"

释空答道："大鹏鸟一展翅就能飞越几百里，而小麻雀只能飞到草地上的方圆几丈而已。"

禅师叹了一口气，意味深长地说："大鹏鸟飞越了几百里，就能飞越生死了吗？"

释空听完，恍然大悟。

百里的大鹏也好，几丈的麻雀也好，都逃不出生死之外。生命在本质上都是一样的，是平等的，人也是如此。

人生一世，紧握双拳而来，平摊两手而去。任你功名再大，也带不走什么。一餐一碗饭，一觉一张床，只有痛苦和喜乐是无限的。这个道理众生都懂，但又都接受不了。从古至今，多少众生都将半生的精力耗费在"名利"二字上，消磨了时光，蹉跎了年华，费了毕生的精力，终于名利双收，可人生中美好的东西都早已错过了，最终除了遗憾孑然一身，等待着死亡，名与利分毫也带不走。

《史记·货殖列传》中说："天下熙熙，皆为利来；天下攘攘，皆为利往。"说的就是众生对名利的态度。世人皆为名利所忙碌，只因诱惑多多。锦衣玉食，乘肥衣轻，声色犬马，无不五光十色，让众生目迷心醉。然而油水多处，最易滑倒；香饵之

第六章 抛却浮云，一切随缘，人生方才最快活

下，必有死鱼。贪功遭名裂，贪权落陷阱，贪财入孔方，贪杯误大事，贪色锁精髓。古今中外，多少豪杰之士，概莫能外。然而名利皆是空，得了也是空，失了还是空，众生终还是要赤条条地走，于是哀叹人生在世，不过百余年，弹指之间，何必你争我夺，耗尽心力呢？

有一位高僧，是一座寺庙的方丈，因年事已高，一直在考虑由谁来接班的问题。

一天，他将两个得意弟子智远和智坚，用绳索吊放于寺院后山的悬崖之下，并对他们说："你们谁能凭自己的力量从悬崖下攀爬上来，谁就是我的接班人。"

悬崖之下，身体瘦弱的智坚屡次尝试，屡次失败，摔得伤痕累累，但还在顽强地攀爬。最后拼死爬至半壁无处着力之时，不小心踩空摔落崖下，头破血流，气息奄奄。最后，高僧不得不让人用绳索将他救上来。

而身体健壮的智远，在攀爬几次不成功后，便解开了绳子沿着悬崖下的小溪，顺水而下，拂袖而去。穿过树林，出了山谷，然后游名山，访高师，直到一年之后才回到寺中。奇怪的是，高僧不但没有骂他胆怯懦弱，将他扫地出门，反而指定他为接班人。

众僧很是不解，纷纷询问高僧。高僧笑着解释道："寺院后的悬崖极其陡峭凶险，依靠人力根本不可能攀登上去。但悬崖之下，却有路可寻。如果一心为名利所诱，心中就只有面前的悬崖绝壁。所以，这时并不是天设牢，而是人在心中建牢。在名利的牢笼之内，徒劳地抗争，轻者苦闷伤心，重者粉身碎骨。"

名与利，皆为空，浮云而已。一些众生，在名利场上争夺了

得喜乐

一辈子，错过了很多，也失去了很多。直到生命终结时，回望来路，才遗憾地发现失去的都是永不磨灭的，得到的都是无法带走的，由此得悟，如有来生，必定不为名利所累，在闹世中辟一静地，安身立命，足矣。

增长天王（善根增长）

第六章　抛却浮云，一切随缘，人生方才最快活

知足，则喜乐常存

知足，心境才能平和，待人才能宽厚，微笑才能自然。即使生活清贫质朴，却能够享受生命的天伦之乐。这种人生境界是整日追逐着荣华富贵，而又永无满足感的众生所无法体会的。

知足常乐，可谓儒家的"中庸之道"。一切行为适中为宜，万事都要讲究个"度"，不可过于执著，也不可过于强求。简言之，就是对幸福的追求要始终持一种极易满足的态度。一个人若是知道满足，便是喜乐的。相反，若是贪得无厌，不知满足，就会时时感到焦虑不安，甚至痛苦不堪。

"布衣桑饭，可乐终生"便是一种知足常乐的典范。众生争得再多，求得再多又有什么用呢？不过是徒增了烦恼，虚度了光阴。

因为懂得知足，便不再为高薪厚禄而趋之若鹜；因为懂得知足，便不再因浮躁虚华而辗转反侧；因为懂得知足，便不再为一时失势而夜不能眠。总而言之，只有知足的人生才是喜乐的人生。

粗茶淡饭、布衣茅屋也不一定就是贫苦。只要忠于自己的内

心，过自己喜欢的生活，就能快乐地享受平淡生活中的安静祥和，平淡日子中的花好月圆。只有知足，才能过得轻松自在、怡然自得。所以说，知足是一切幸福和喜乐的源泉。永不知足，没有底线的需求，一味去满足个人欲望者之所以可悲，是因为他们不明白客观环境的荒漠不可逾越，这种没有理智的行为，是生活中的喜乐越来越远，乃至消失的一个主要原因。

知足与喜乐密不可分。只有知足，心境才能平和，待人才能宽厚，微笑才能自然。即使生活清贫质朴，却能够享受生命的天伦之乐。这种人生境界是整日追逐着荣华富贵，而又永无满足感的众生所无法体会的。

明朝有个人叫胡九韶，他的家境很贫苦，一面要教书，一面还要努力耕作，才可以勉强维持衣食温饱。但每天到黄昏时分，胡九韶都要到门口去焚香，向天拜了又拜，感谢上天赐给他一天的清福。妻子笑他说："我们一天三餐都是青菜和粥，哪里来的福气呢？"胡九韶说："我首先很庆幸能生在太平盛世，没有战争祸乱。又庆幸我们一家人都能有饭吃，有衣穿，不必挨饿受冻。最后庆幸家里床上没有病人，监狱中没有囚犯，这不就是福气吗？"

乱世中，能活着就好；盛世中，能堂堂正正地做人便是一种福气。人生可以过得舒心一点便已经足够美好。知足人生最重要的法宝就是能够往下看，不要永远抬着头，所谓"退一步天高地广"，道理就在于此。不管别人怎么看，知足者已经得到了满足和喜乐。

古时候，有一位砍柴的老汉在山泉边喝水时，无意中发现了清澈泉水中有闪闪发光的东西，仔细一看居然是金砂。惊喜之下，他小心翼翼地捧走了金砂。从此以后，老汉再不用受生活之

第六章　抛却浮云，一切随缘，人生方才最快活

苦，隔个十天半月，就去淘一次金砂，日子很快就富裕起来了。老汉开始时还守口如瓶，后来终于有一天忍不住告诉了他的儿子。儿子知道后马上怂恿父亲拓宽石缝，扩大山泉，以为这样做就可以得到更多的金砂了。当父子俩找来工具，把原本窄窄的石缝凿宽了之后，却发现山泉虽然比原来大了很多，金砂却没有增多，反而从此消失得无影无踪了。

由于人性的不知足，造就的悲剧往往数不胜数。永无止境地追逐名利本身就是一个痛苦的怪圈，而且在这追逐的过程中，处处充满着陷阱与风险。知足的众生往往欲望很少，或者不愿受欲望所控制，把欲望看做是一种可有可无的东西，能够实现一点便已是上天的恩赐，如果不能实现，也不必在意，随缘就好。就拿爱情来说，知足者从不会为失恋而痛苦，为爱情而放弃生命。因为他们明白相爱过就是一笔财富，如果只是不满足地想着怎样拥有，那便扭曲了爱情的真谛。

知足是一种人生的智慧。知足的众生，并非鼠目寸光，更不是胸无大志，而是顺应生命的起落与得失，对人生有着另一种追求与理解。他们绝不贪得无厌，凡事懂得适可而止，见好就收。所以一切的苦难和不幸对知足者来说，都是一种必然，没有什么可值得去痛哭流涕的。相反，让知足者能够"陶陶然乐在其中"的事很多，花鸟鱼虫，善待生活是一乐；有朋自远方来，开怀畅饮，也是一乐；他乡遇故知，寂寞还故乡，还是一乐……只要众生的心态能张能弛、能紧能松、能缩能伸，便在任何地方都能找到喜乐的理由。

得喜乐

最珍贵的是当下的幸福

在这个变幻无常的世界,没有一件事物永恒地存在。当众生领略到生命和万物的无常后,也许,众生就懂得了珍惜现在所拥有的一切。

从前,有个钟灵寺,每天都有许多人上香拜佛,香火鼎盛。在钟灵寺的横梁上有个蜘蛛结了张网,由于日夜受到香火和虔诚的祭拜及熏陶,蜘蛛便有了佛性。在经过一千多年的修炼之后,蜘蛛的佛性增加了不少。

一天,佛祖光临了钟灵寺,见到这里香火甚旺,十分高兴,离开寺院的时候,不经意地抬头,看见了横梁上的蜘蛛。佛祖便停下来,问这只蜘蛛:"你我相见便是有缘,我来问你一个问题,世间什么才是最珍贵的?"蜘蛛想了想,回答到:"世间最珍贵的是'得不到'和'已失去'。"佛祖点了点头离开了。

又过了一千年。一天,恰巧起了大风,风将一滴甘露吹到了蜘蛛网上,蜘蛛望着甘露很开心,它觉得这是三千年来最开心的日子,突然,又刮起一阵大风,将甘露吹走了。蜘蛛一下子就感觉失去了什么,十分难过。这时佛祖又来了,问蜘蛛:"蜘蛛,

第六章　抛却浮云，一切随缘，人生方才最快活

这一千年你可好好想过这个问题：世间什么是最珍贵的？"蜘蛛想到了甘露，对佛祖说："世间最珍贵的是'得不到'和'已失去'。"佛祖说："好，既然你有这样的认识，我就让你到人间走一遭吧。"

就这样，蜘蛛投胎到一个官宦人家，成了富家小姐，父母为她取了个名字叫珠儿。一晃珠儿到了十六岁，已经长成了个婀娜多姿的少女，楚楚动人。

这一日，新科状元甘鹿觐见，皇帝决定在后花园为他举行庆功宴，来了许多妙龄少女，包括珠儿，还有皇帝的小公主长风。状元郎在席间表演诗词歌赋，大献才艺，在场的少女无一不被他折服。但是，珠儿一点也不紧张，因为，她知道这是佛祖赐给她的姻缘。

过了些日子，说来很巧，珠儿陪同母亲上香拜佛时，刚好甘鹿也陪同母亲而来。上完香，二位长者在一边说上了话。珠儿便和甘鹿来到走廊上聊天，珠儿很开心，终于可以和喜欢的人在一起了。但是，甘鹿并没有表现出对她的喜爱。

几天后，皇帝下诏，命新科状元甘鹿与长风公主完婚，珠儿与太子完婚。这消息如同晴空霹雳，她怎么也想不明白，佛祖竟然这样对她。几天来，她不吃不喝，苦思冥想。灵魂即将出壳，生命危在旦夕。太子知道了，急忙赶过来，扑到床边，对奄奄一息的珠儿说："我对你一见钟情，我苦求父皇，他才肯答应，如果你死了，那我活着也没什么意思了。"说着就拿起了宝剑准备自刎。

就在这时，佛祖来了，他对快要出壳的珠儿的灵魂说："蜘蛛，你可曾想过甘露是由谁带到你这里来的？是风带来的，最后

也是风将它带走的。甘鹿本是属于长风公主的。他之于你不过是生命中的一段插曲。而太子是当年钟灵寺门前的一棵小草,他看了你整整两千年,爱慕了你也整整两千年,但你却从没有低下头看过它。现在,蜘蛛,我再来问你:世间什么才是最珍贵的?"蜘蛛听到了这些真相后,一下子恍然大悟,她对佛祖说:"世间最珍贵的不是'得不到'和'已失去',而是现在能把握的幸福。"刚说完,佛祖就离开了,珠儿的灵魂也归位了。她睁开眼睛,看到了正要自刎的太子,马上打落宝剑和太子紧紧地拥抱在一起。

　　世间最珍贵的不是"得不到"和"已失去",而是现在能把握的当下的幸福。然而,很多众生却不明白这个道理,他们因为"得不到"而饱受"求不得"的苦,因为"已失去"而历经"爱别离"的痛。他们把全部的精力都放在了自己已经无能为力的事情上,却对自己所拥有的财富熟视无睹;继而再次让"拥有"变为"失去",让悲剧重演,并始终也走不出这个轮回。

　　得不到的让你心痒,已失去的让你心疼。只有放过自己,把握住手里的,珍惜当下才是正道。世间万事万物,无不处在刹那的变化之中。在这个变幻无常的世界,没有一件事物永恒地存在。当众生领略到生命和万物的无常后,也许,众生就懂得了珍惜现在所拥有的一切。

别因虚妄的东西错过路上的风景

如果一个人一门心思地追求名利、财富、地位、声誉等,就没有时间和心情来发现生活的美了。

佛家将世间的财、色、名、食、睡称为五欲,又将色、声、香、味、触、法称为六尘。无论是五欲,或是六尘,都能令众生流转六道,同时也会带给众生诸多烦恼。不过它们之所以造成祸害,并不在于其自身的不净,而在于人心的愚痴无明、贪爱染浊。好比拳头的本身是没有好坏的,但是用来打人,就是坏事,必须立刻阻止;用来捶背,就是好事,不妨多多益善。

弘一法师入佛之后顿悟五欲六尘皆是虚妄,并非真实,这些不仅会让人错过很多真实的风景,也会阻碍人心向佛。因此必须远离这些虚妄的东西,才能还内心一份清静,远离烦恼忧愁。在一次演讲中,弘一法师讲过这样一个故事:

有一个人乘船渡江时,他看到浩浩荡荡的江水,气势磅礴,非常欣赏。可是不久,狂风刮来,惊涛骇浪,动天撼地,一叶小舟起伏不定,让人害怕。他吓得嘴张得很大,再也没有心思来欣赏江上的美景。风过后,又是一片宁静美丽的风光。他静下心来，想起自己刚才的恐惧，又看看摇船人若无其事的样子，自言自语道："你不怕这么大的波浪吗？""怕什么，不就是水嘛！"

这个故事是在告诉众生，无论是波涛，还是静水，它们都是水啊！喜乐或痛苦都是生活。被外在的东西所迷惑，就发现不了生活的真谛。如果一个人一门心思地追求名利、财富、地位、声誉等，就没有时间和心情来发现生活的美了。所以，只有远离这些虚妄的东西，生活才会轻松起来。

在人生路上，有许多事情值得众生去做，也有许多的风景值得众生去看。可是，有很多人为了急于做事，把美丽的风景忽略了。有时候，即使事情做成功了，你却失去了另外更重要的东西。所以，众生应该衡量清楚，生命中哪些东西是虚幻的，哪些东西是真实的。是地位、名誉、财富重要呢？还是生命、亲情、健康重要？当你作出最适合自己的决定后，会发现生命中的风景原来是那么多姿多彩。

第六章　抛却浮云，一切随缘，人生方才最快活

吃亏是福

能吃亏是人生的境界，会吃亏是处事的智慧。一个睿智的人会在适当的时机选择吃亏。其实，给别人一点便宜，也等于给自己一点便宜。

吃亏，恐怕没有几个人愿意。众生总是紧抓着属于自己的东西不放，生怕别人抢了去；亦或者总是千方百计地耍小聪明想占些便宜。有时候看似占了便宜，其实失去的要比得到的更多。生意场上百般算计，得到了一些蝇头小利，却失掉了信誉和名声，得不偿失；邻里之间互不相让，得到了芝麻大的地方，却失掉了邻里的和气；与人相处机关算尽，处处不让分毫，就会失去良好的社会关系，使自己陷入孤立之中。只有学会吃亏才能得到别人的感激和自己的坦然，众生培养了自己的宽容和大度，同时也获得了他人的尊敬与拥戴，这难道不是一种喜乐吗？

弘一法师曾有一篇著名的演讲稿《改过实验谈》，其中有一段的名字就叫"吃亏"。弘一法师说道："我不识何等为君子，但看每事肯吃亏的便是；我不识何等为小人，但看每事好便宜的便是。"是君子还是小人，通过肯不肯吃亏便可一见分晓，多么发

人深省的金玉良言。

　　人们常说"吃亏是福",有许多人在复杂的官场和人事纠纷中能够游刃有余、左右逢源,靠的都是这一处事箴言。话虽简单,可其中的含金量足可抵得过千言万语。欲做大事之人必须了解人性,尊重人性。自己不愿吃亏,就交不到真正的朋友。良好的人际关系不能用甜言蜜语来维持,只有真实地付出,才能让人感觉到真诚。

　　春秋时期,郑国的名臣子产在小时候就有过人的器量。他和人玩耍,明明是自己赢了,但他却故意认输,结果人们都喜欢他。

　　长大做官之后,子产总把好处让人,吃亏的事也从不对人说。同僚都认为他好交往,很少有人反对他。

　　子产当了相国之后,还是喜欢把朝廷的赏赐分给众人,他的一位朋友就此说:"你现在没有求助别人的地方,别人只会求你,你为什么还要讨好自己的下属呢?下属应该孝敬你才是啊!"

　　子产说:"没有众人的拥护,我的相国之位就不能安稳,那么我哪里会得到朝廷的赏赐呢?若能让众人同心,我就要用行动来表示我的无私了。"

　　当时,朝廷有许多暴政扰民,老百姓对朝廷多有怨恨。子产建议废除暴政,他说:"国家如果不为百姓设想,只会盘剥取利,那么百姓就视国家为仇人了,这样的国家是不会兴旺发达的。给百姓一些好处,好比放水养鱼一样,国家看似暂时无利,但实际上大利还在后边,并不会真正吃亏的。"

　　子产制定了许多惠民措施,又让百姓畅所欲言,不加禁止,郑国渐渐走向强盛,达到了大治的局面。

　　子产为了长远利益,甘愿吃亏,是他成功的秘诀。他的这一处事法宝使所有人都不战而降，发挥了巨大威力。

能吃亏是人生的境界，会吃亏是处事的智慧。一个睿智的人会在适当的时机选择吃亏。社会的复杂之处就在于人与人之间的尔虞我诈，如何消除隐患，处理好人际关系，是很多众生都想弄清楚的问题。成功往往是双赢的过程，若是每个人都只想着自己的利益，总是希望自己能比别人多得到一些，忽略别人的利益，那么其结果往往会适得其反。所以在适当的时候，应该想着吃亏，给别人一点便宜，也等于给自己一点便宜。

吃亏不是愚钝不开，而是一种成功的素质；吃亏不是怯懦无能，而是一种处世的大智慧。像子产那样懂得吃亏的人，无论在什么时代都会成为人所共仰的成功人士。

广目天王（恶事远离）

得喜乐

不要强求，万事均顺其自然

凡事随缘，一切顺其自然，就会少很多烦恼和纠结，会获得"山重水复疑无路，柳暗花明又一村"的意外之喜。

唐代著名禅宗大师之中，有一位叫惟俨禅师，他与许多高僧一样，都善于从眼前小事物入手，启发弟子们的悟性。

有一次，惟俨禅师带着两名弟子道吾和云岩下山，途中惟俨禅师指着路边林中的一棵枯木问道："你们说，是枯萎好呢，还是茂盛好？"

弟子道吾不假思索地回答："当然是茂盛的好。"

此时，惟俨禅师却摇摇头："繁华终将消失。"

听禅师这样一说，答案似乎已经明确，所以云岩随即转口说："我看是枯萎的好。"

不承想惟俨禅师还是摇了摇头说："枯萎也终将成为过去。"

恰巧此时有一位小沙弥从对面走来，惟俨禅师便以同样的问题来"考"他。聪明的小沙弥不紧不慢地答道："枯萎的让它枯萎，茂盛的让它茂盛好了。"

惟俨禅师这才颔首赞许道："这个答案很对，万事万物一切

第六章 抛却浮云，一切随缘，人生方才最快活

都应该顺其自然，不要执著，这才是修行应该持有的态度。"

道家说："人法地，地法天，天法道，道法自然。"世界上的任何事情，都有自己的规律，一切顺其自然为好。就像古人诗中描写的那样"人有悲欢离合，月有阴晴圆缺，此事古难全"。自然的法则是广阔博大的，同时也是残酷的，一切正如惟俨禅师说的那样——繁荣也好，枯萎也罢，一切都将随着时间的流逝而最终消失。

常言道："命里有时终须有，命里无时莫强求。"一切顺其自然，才是佛道。有些人不停地追求名利财富，岂不知人生在世，这些都只不过是过眼云烟。人应该学会顺其自然地活着，越是矫揉造作地追求越容易反受其累，被世间幻想迷惑，丢失真正的自我。

佛说："若能一切随他去，便是世间自在人。"世人也常说："塞翁失马焉知非福。"很多事情不是我们强求就能得到的，一切不如顺其自然，这才是解决烦恼的理想办法。

禅院的草地上一片枯黄，小沙弥觉得异常的萧条，就对方丈说："师父，快撒点草籽吧！"

方丈平静地说："不着急，何时有空了，我去山下买些草籽。不用着急，一切随时！"

小沙弥一直等了很久，方丈才把草籽买回来交给他，并说道："去吧，把草籽撒在地上。"小沙弥赶紧抓起一把草籽撒起来，可是一阵风吹来，草籽被吹到了远处，他着急地喊起来："不好了，许多草籽都被吹走了！"

方丈微闭双眼，淡然地说："没关系，吹走的多半是空的，撒下去也发不了芽。一切随性！"

小沙弥好不容易把草籽撒上了，却引来了许多麻雀，它们专挑饱满的草籽吃。小沙弥惊慌地说："师父，不好啦，草籽都被小鸟吃了！这可怎么办，明年这片地就没有绿草了。"

方丈又说："不用担心，草籽多，小鸟是吃不完的，明年这里一定会绿油油的！"

半夜的时候，突然下起了瓢泼大雨，小沙弥担心院中的草籽被冲走，久久难以入睡。第二日早晨，他急忙忙来到院中察看，果然地上的草籽都不见了。于是他马上跑进方丈的禅房说："师父，昨晚一场大雨把地上的草籽都冲走了，这下怎么办啊？"

方丈不慌不忙地说："没关系，草籽被冲到哪里就在哪里发芽。一切随缘！"

没过多久，许多青翠的草苗便破土而出，原来没有撒到的一些角落里居然也长出了许多可人的绿苗。

小沙弥高兴地对方丈说："师父，太好了，我种的草长出来了！"

方丈点点头说："一切随喜！"

假如众生都能像故事中的方丈一样凡事随缘，一切顺其自然，那么就会少了很多烦恼和纠结，反而会获得"山重水复疑无路，柳暗花明又一村"的意外之喜。所以，凡事顺其自然，不完美也会变得完美了。

第六章　抛却浮云，一切随缘，人生方才最快活

饭非一人可吃尽，事非一人能做完

众生唯有消除妄念、贪心，明白"喜乐不在外界，幸福自在心中"的道理，平心静虑，少欲知足，才能熄灭一切苦恼，知喜乐之道。

人生在世，总有无穷无尽的追求，这并不是什么坏事。没有追求的人，最终将会被生活所抛弃，被社会淘汰。但是追求不能浮躁，应该踏实，了解自己的能力做到量力而为。有些事情不能强求，根本就不可能做到的事情，如果还要勉强去做，不仅没有什么收获，还会让自己的心里不快乐，得不偿失。

有位年轻人，想学尽天下手艺，因此，他就到处去拜师参学，什么都学。从穿针引线开始学，直到成为小有名气的裁缝；在饮食方面，他通过学习，成为一名不错的厨师……还有其他的技艺，别人不会的，他也都学会了，但是他仍然不知足、不快乐。

"我学的东西还是太悠闲了，看来，我还要扩大范围，我立志要游学天下，去探究百工技艺。"

打定主意之后，他就离开了家乡——舍卫国，到更远的地方

去参学。在走了很远的路程之后，他无意中看到有人在做弓箭，制作的人手艺很好，两三下就能弯成一把弓，而且每一张成品的尺寸大小一样，看起来非常漂亮，让人看了就忍不住想停留。他看到之后不禁心里盘算了一下："这门技艺，我要是学会了，以后有朝一日若有人来侵犯，自己也好有个防备。不错，这个我应该学一下。"

于是，他就拜师学艺，很用心地学习。没过多久，他就做得很精巧了，而且手艺比师傅还好。于是就告别师傅，离开了该处。

又走了一些日子，这天，他在大路上看到有艺人在表演雕刻，原本一块很普通的木材，三下五除二，很快就被雕刻上了栩栩如生的龙凤。围观的人都啧啧称奇，赞叹不已。

"这可真是一门很好的技艺啊，我应该学习一下。"他心里想。于是他又驻足停留继续拜师学艺。潜心学习了一段日子，他已经掌握了这门手艺，学成之后他又离开了。

半路上，他看到有人在造船，不禁心里想，"不错，我在陆地上的谋生技能大都已经学会了，可若是需要渡过溪河呢？还是学习一下这门技术吧。"

于是他又拜师学艺过了一段时间，造船的技术也学会了。这样前前后后，他一共游历了16个国家，饱学了各种技艺。

十多年后，年轻人已经变成了中年人，然后，他就回家乡了。

回到舍卫国后，他生出骄傲自大之心，自认为天下的百工技艺他已无所不能，所以就贴出告示邀人来比赛，想借此展现自己的专长。于是，各路工匠都来跟他比赛，在经过各种比赛后，大家发现，他果然懂得各种各样的技艺。

第六章 抛却浮云，一切随缘，人生方才最快活

"哈哈，世上没有什么技艺我不会，世上也没有人能有我这么聪明。"他心里狂喜，开始嚣张跋扈起来。

佛听说此事之后，感叹道："多么聪明的一个人啊，可惜心气太高了，那将会影响他的前程啊。"

佛有心点化这个聪明的人，于是，便下山去找他。

看着远远走来的佛，他很奇怪，心想："什么人会戴着这样的帽子啊，还有这样的服装，我见过各式各样的人，连国王也见过了，可是从来不曾见过如此装束的人。这些人到底是什么来历呢？"当佛走到近前，他看清楚了佛的庄严法相，内心被震慑了，不由自主地内心升起虔诚之心，合掌问道："请问您从何处来？不知您是什么身份？从事何种行业？"

"我知道你有很多的本领，但是你可知道，普天之下，靠竹林的地方自然会有弓箭业；靠林区的地方自然会兴起雕刻业；近海之地，则造船业兴旺。而我所从事的是调心、调身的工艺。"

他听了，更觉得稀奇："我不太理解您的意思，就我个人来说，对于天文地理、琴棋书画，我样样精通，但我却知识寡陋，从来没听说过有什么调心、调身的工艺。我想请问一下，调心、调身有几种方法，是怎么学习的呢？"

佛没有正面回答他的问题，而是问："我问你，你快乐吗？"

"我不是很快乐，虽然我琴棋书画样样精通，甚至连医学也很精通，但是我觉得不满足，我想把天下各种技艺都学会。"他说出了心里的困惑。

佛听到他的回答，慈祥地说："我想告诉你，世间的饭不是一个人能吃得完的，天下的事不是一个人做得完的，自然天下的技艺也不是一个人能够掌握的。重要的不是你掌握的技艺多少，

而是你是否感到快乐。如果你感到快乐，那么就算只掌握一门技艺，也会幸福快乐，但如果你不快乐，即使你掌握了天下所有的技艺，你也不会快乐。世间有无穷无尽的知识，即使穷尽你的一生，你也不可能完全掌握、了解，所以，你永远都不会快乐。"

佛停了一下，继续说："而且，看看现在你已经人到中年，还不知道人世间还有这门调身、调心的技艺。你好好想想吧。"

听了佛的话，他豁然明朗，一瞬间似乎就进入了清净境界，不由地躬身向佛答道："多谢大师的指点，我明白了。"

有雄心壮志是好事，但不能狂妄自大，自以为可以征服天下。妄想面面俱到，做好所有的事，最终只怕会成为他人的笑料。

天下的事不是一个人做得完的，世间的米不是一个人吃得完的，天下的技艺也不是一个人能掌握的。即便是最聪明的人，也无法做完所有的事情。

在生活中，很多众生都犯了故事里那个人的毛病：有的众生想一口吃成大胖子，有的众生想十全十美、面面俱到，有的众生妄想得到各种各样的好处。当然，这些妄想都不可能实现，事情做不到，妄念、贪心又不能消除，因此，大家就会不快乐。

众生唯有消除妄念、贪心，明白"喜乐不在外界，幸福自在心中"的道理，平心静虑，少欲知足，才能熄灭一切苦恼，知喜乐之道。众生不能太过于浮躁，更不能骄傲自大，众生要戒骄戒躁，绝不能做梁上的浮尘，要打好人生的地基。

第七章

喜乐即是幸福，幸福源于爱人

佛说："修百世方可同舟渡，修千世方能共枕眠。前生五百次的凝眸，换今生一次的擦肩。"有人说：爱不是关切地对望，而是朝着一个方向的共同凝望。爱是很真实的东西，是一种使众生坚强、关爱众生福祉的力量。爱让众生的灵魂变得更加高尚。而拥有一颗爱人的心会拭净自己的心灵，会令心灵清澈无比；拥有一颗爱人的心会使众生时刻感受到生活中的幸福。

相信爱，它是生命的血脉，流淌在你我的胸膛；相信爱，它是让梦想飞翔的力量；相信爱，它是一轮永不西沉的太阳，会驱散生活的迷雾，给生命无限的光芒。

第七章　喜乐即是幸福，幸福源于爱人

孝敬父母是最大的供养

众生一念孝顺，供养一次父母，哪怕一丁点东西，这样的福德就超过众生供养一百位高僧百千万亿年。

佛经上说："如果儿女将父母扛在左右肩上，围绕整个宇宙、整个大地，也无法报答父母的恩德。"莲师也说："不要让长者灰心失望，要记得孝顺。"所以说，孝敬父母就是最大的供养。众生也会从中收获一份幸福、一份喜乐。

孔子曰："今之孝者，是谓能养，至于犬马皆能有养；不敬，何以别乎？"其意是，现在的所谓孝，并非能够养活父母便行了。狗马也要饲养，如果对父母不是从心底里敬爱，那养活父母和饲养狗马又怎样区别呢？孝不能仅仅满足父母物质上的需求，更主要的是要在内心里敬爱父母。

在中国，对父母及老年人的孝养一直是个大问题，这也正是中国古代圣贤格外重视孝道的原因。在封建时代有许多道德的约束，尚有许多人不懂得孝的真实含义，更不用说在当今社会了，现在很多人爱子女爱宠物胜过爱自己的父母。佛陀在《父母恩重难报经》中说，他的父亲往生时他去抬棺，又为了度他的母亲到三十三天，去修七七四十九天的法。佛陀虽然成佛了，还是非常孝顺。

对父母尽孝，能养只是一半的孝，真正的孝是发自内心的那份真诚。只有心里时时想着孝，并努力践行，这才是真正的孝。

有一个财主有两个儿子，大儿子愚笨，不讨人喜欢，小儿子聪明伶俐，于是财主就尽心抚养小儿子。两个儿子逐渐长大了，大儿子一直在家里陪着父母，小儿子因为颇有才华，被父亲送到县城读书。

小儿子果然不负众望，考取了功名，一家人欢天喜地，两位老人也准备收拾行李，和小儿子一起到新地方开始生活。本来小儿子不想带着父母，但是想到兄长愚钝，就勉为其难地带上了两个老人家。

到了就职的地方之后，小儿子给父母选了一间房子，安排了一个奴婢，从此就消失了。两位老人看不见他的人影，生病了也只能使唤下人去找大夫。虽然在这里不愁吃穿，但是两个老人心里很难过。

一年以后，大儿子带着家乡的特产过来看弟弟，一见到老人，就难过地哭了——一年不见，父母老了许多，以前胖胖的父亲也瘦成一把骨头了。虽然大儿子很笨拙，但是很心疼父母，他决定带着父母回家生活。父母想到自己以前和大儿子生活在一起的时候，从来没有把他当回事，端茶倒水像下人一样使唤，但是他从来没有生气，反倒是乐呵呵地照顾自己，不禁也流下了眼泪。就这样，笨哥哥又带着老人回到乡下去了。小儿子想不明白，为什么父母不跟着这样有头有脸的儿子，却要和那笨人一起生活。

其实，感动老财主的正是一颗孝心。只有让父母感受到我们的孝心，他们才会觉得幸福。

佛曰：海水可斗量，父母恩重无法斗量。众生一念孝顺，供

第七章 喜乐即是幸福，幸福源于爱人

养一次父母，哪怕一丁点东西，这样的福德就超过众生供养一百位高僧百千万亿年。这是真实的话，并不是比喻。孝顺供养父母的福德太大了，就算是苦厄命运，也根本挡不住福德。一个人说话不抵触顶撞父母，和父母说话柔声软语快快乐乐，供养父母，照顾父母的生活，无论是谁都会非常尊敬你，不敢障碍你，都愿意信任你、帮助你，你身边的贵人也就多了，做事也就会顺利很多，同时，喜乐自然也会多多！

大自在天（主悲喜荣辱）

感恩不是精神而是行为

《增广贤文》中说:"羊有跪乳之恩,鸦有反哺之义。"羊羔有跪下接受母乳的感恩举动,小乌鸦有衔食喂母鸦的情义,做子女的更要懂得孝顺父母。

禅师化缘途中小憩,听见3位聚在河边一起洗衣服的妇人在聊天。

一位妇人说:"我的儿子比别人身体灵巧。"

另一位妇人说:"我的儿子唱起歌来无人能及。"

第三个妇人喏喏半天,不好意思地说:"我实在想不出我的儿子有什么值得夸耀的天赋。"

随后,3位妇人各自端着盛着衣服的木盆返回村子,并争着请禅师去她们家用斋饭。

木盆很沉,3位妇人在路上歇了好几次。来到村口时,3位妇人的儿子都跑出来迎接自己的母亲。

第一位妇人的儿子一连翻了好几个筋斗,赢得了村人的高声喝彩,他也面露得意之色。

第二位妇人的儿子唱出了美妙的歌曲,他的歌声确实非常动听，大家也止不住地点头夸奖。

第三位妇人的儿子只是低着头快步跑到母亲跟前，从她手里接过木盆。

3位母亲转头问禅师："你觉得我们的儿子怎么样？"

禅师回答："你们的儿子？可我只看到一个儿子而已。"

《增广贤文》中说："羊有跪乳之恩，鸦有反哺之义。"其意即羊羔有跪下接受母乳的感恩举动，小乌鸦有衔食喂母鸦的情义，做子女的更要懂得孝顺父母。尊敬长辈是作为子女的基本要求，容貌、才华、智慧、技能固然可贵，但它们都排在美德的后面。

有个年轻人很早就没了父亲，他与母亲相依为命，生活很贫困。

后来年轻人由于苦恼而迷上了神佛之道。母亲见儿子整日神神叨叨、不务正业的痴迷样子，对他苦劝过多次。但年轻人对母亲的话不理不睬，甚至把母亲当成他成仙的障碍，有时甚至对母亲恶语相向。

有一天，年轻人听别人说远方的山上有位得道高僧，便想去向高僧讨教成佛之道，他怕母亲阻拦，便瞒着母亲偷偷从家里出走了。他一路上跋山涉水，历尽艰辛，终于找到了那位高僧。

听完年轻人的情况，高僧沉默良久。当年轻人问高僧如何才能成佛时，高僧说："看你一腔赤诚，我可以给你指条路。吃过饭后，你即刻下山回家，在路上但凡遇到有赤脚跑来为你开门的人，这人就是你所谓的佛。你只要悉心侍奉，拜他为师，成佛是再简单不过的事情！"年轻人听了非常高兴，谢过高僧，就迫不及待地下山了。

第一天，他投宿在一户农家里，男主人为他开门时，他仔细看了看，男主人没有赤脚。

第二天，他投宿在一个富有的人家里，更没有人赤脚为他开门。他不免有些沮丧。

第三天、第四天……他一路上投宿了无数人家，却一直没有遇到高僧所说的赤脚开门人。他开始对高僧的话产生了怀疑。马上就要到自己家时，他彻底失望了。日落时，他没有再投宿，而是连夜赶回家。到家时已是午夜时分。疲惫的他费力地叩动了门环。屋内传来母亲苍老惊悸的声音："谁呀？"

"是我，妈妈。"他沮丧地答道。

门很快打开了，一脸憔悴的母亲一面大声叫着他的名字，一面把他拉进屋内。在灯光下，母亲流着泪端详他。这时，他一低头，蓦地发现母亲竟赤着脚站在冰凉的地上！

刹那间，他想起了高僧的话。他突然什么都明白了。

年轻人泪流满面，"扑通"一声跪倒在母亲面前。

母性永远是伟大的，在你失意、忧伤甚至绝望的时候，总是能够从母亲那里得到最大的感情支持。

生活中常常会发生舍近求远的事情。不要迷信神灵会来庇佑你，他们既然不食人间烟火，当然也不会过问世事。真正给予你无私关爱与帮助的，是你身边的亲人。

第七章　喜乐即是幸福，幸福源于爱人

像对待孩子一样对待老人

为人子女，要多和父母进行心灵上的沟通，讲顺耳的话，或是用心选购贴心的礼物等，以表达关怀之意。

生老病死是自然界的正常规律，众生无一能幸免。一个人年纪大时，心灵上会比较倾向于小孩，此时会需要晚辈投入更多的关心与照顾。

清朝光绪年间，平度有个县令，姓纪名灿胜，人称"纪官"。纪官在平度为官数载，清正廉明，爱民如子，把平度治理得年年太太平平，家家安居乐业。纪官离任之时，百姓十里相送，恋恋不舍。有人便说，纪大老爷，您最后给我们留下两句话吧。纪官说，就一句，回家后拿着老人当孩子待。大家当时一听觉着逆耳，后来才慢慢想明白，这是纪公为百姓留下的肺腑之言——谁像对待孩子一样对待老人，谁就是天下第一的大孝子。

关心老人的方式有很多，但最重要的还是心灵层面上的。如果只是常常塞一些钱给父母，却让他们孤苦伶仃地生活，到最后面临病痛时也没有人照顾，这不是真正的关心。为人子女，要多和父母进行心灵上的沟通，讲几句顺耳的话，对我们不会有什么大损失；或是用心选购一些贴心的小礼物，也能表达关怀之意。如你这样做了，不但老人欢喜，你的内心也会溢满幸福与喜乐。

孔子的一位学生子夏，有一次问怎样做才算孝顺？

孔子说："子女保持和悦的脸色是最难的。有事要办时，年轻人代劳；有酒菜食物时，让年长的人吃喝；这样就可以算是孝顺了吗？"

孔子认为，孝顺出于子女爱父母之心，这种爱心自然表现为和悦的神情与脸色。这一点确实远比为父母做事和请父母吃饭要困难多了。譬如父母年纪大了，生病需要我们照顾，这时父母就要看我们的脸色了。如果你脸色不好看，让父母觉得好像是麻烦你了，那就算你做到了父母的要求，也不算是孝顺。这时候你就要想到我们小时候生病，父母是怎么样不眠不休、衣不解带地照顾我们，从来没有抱怨。现在父母年纪大了，需要我们照顾，我们怎么可以忍心给父母脸色看呢？

二十四孝里有一个人叫老莱子，活到七十几岁，父母都还健在。他为了让父母开心，经常穿一些彩色的衣服，好像幼儿园的小朋友一样，唱歌跳舞给父母看，有时候还会假装摔跤，发出婴儿一样的哭声让父母开心，因为在父母眼中，孩子不管多大，永远都是孩子。我们当然不必这么夸张，但是在孝顺父母时，除了为父母做事，使他们不忧虑生活之外，同时还要注意到自己的脸色是否非常和悦，要让父母亲觉得我的孝顺是心甘情愿的。

只有出自真心，行为才具有真实性，光是一点行孝的表面文

第七章　喜乐即是幸福，幸福源于爱人

章，而不把爱树立起来，那就不是真孝。对待上了年纪的父母，众生要像哄小孩一样，耐心地说教，因为父母就是"老小孩"。当父母老了，多给父母一些关爱，多尽一份心意，回报给你的将会是双份的满足与喜乐。

散脂大将（护持正法）

得喜乐

对亲人亦不可任意发泄不满

在这个复杂多变的世界里，谁能在我们失意时给我们带来温暖的慰藉？又是谁让我们在前进的路上少受苦难？是亲情。众生要体会亲情、感恩亲人，不要在不经意间远离亲情。

很多时候，众生对待周围的人，情绪会有所保留。众生可以对一个陌生人微笑，众生可以向一个路人伸出援手，但众生却可以毫不留情地去伤害自己最亲的人，拿自己最为叛逆的一面展现给最爱自己的人。自己总想："他是我最亲的人，在他面前不需要掩饰什么，所以我就把所有的情绪发泄给他。"要知道，对方是凡夫俗子，不是菩萨，菩萨对众生都是忍，而当你把自己的情绪发泄给他，他又能忍多久？随着你每次对他的发泄，他对你的爱一直在减弱，到最后，你与亲情之间的距离变成了世界上最远的距离。你还有资格谈幸福和喜乐了吗？

所以，多数时候众生对待周围的人，情绪要有所保留。对待朋友、情侣或家人也是要如此，不能因为对方是自己最亲的人就毫无顾忌地发泄。

对自己最亲的人应该是什么样子呢？有时候可以对其发泄，

第七章 喜乐即是幸福，幸福源于爱人

但还是适当把自己的不良情绪收回来。我经常告诫弟子们，两口子吵架无论吵得有多凶，有些话是千万不能说的，因为有些话是会伤到对方心灵，会把心碎成一段一段的。既然他是你最亲的人，就更不应该用难听的话去伤害他。众生发脾气的时候胡乱骂、胡乱说，对方即便能理解，但也应该有个底线的。

有一个美丽的姑娘，因为挑剔对象一直不肯把自己轻易嫁出去，于是，家里的嫂子甚至父母说话极为难听，使得这个女孩子郁郁寡欢，性情变得抑郁，更加嫁不出去了，于是，她索性终身不嫁了。因为她认为，自己最亲的人对自己尚没有一点温情，还能指望别人对自己好吗？她已经失去爱的能力和兴趣了。

爱是双向的，虽然亲人的爱是不求回报的，但众生却不能心安理得地只去享受。中国有句古话叫：树欲静而风不止，子欲养而亲不待。亲人给予我们温暖和力量，看着我们一步一步长大成人，众生理应用实际行动来回报他们，千万不要让自己的人生留下遗憾。到时候，不管你说多少个"惭愧"都弥补不了缺口。

在一个家庭中，彼此要多留一点空间，即使是对自己最亲的人也一定要尊重，不能肆无忌惮。

在美国加州有一个小女孩，她的父亲买了一辆大卡车。她父亲非常喜欢那台卡车，总是为那台车做精心的保养，以保持卡车的美观。

一天，小女孩拿着硬物在她父亲的卡车上留下了很多的刮痕。她父亲盛怒之下用铁丝把小女孩的手绑起来，然后吊着小女孩的手，让她在车库前罚站。四个小时后，当父亲回到车库时，他看到女儿的手已经被铁丝绑得血液不通了！父亲把她送到急诊室时，手已经坏死，医生说不截去手的话是非常危险的，甚至可

能会危害到小女孩的生命。所以小女孩就这样失去了她的一双手！但是她不懂……她不懂到底发生了什么……

父亲的愧疚可想而知。

大约半年后，小女孩父亲的卡车进厂重新烤漆，又像全新的一样了，当他把卡车开回家，小女孩看着完好如新的卡车，对他天真地说："爸爸，你的卡车好漂亮哟，看起来就像是新卡车。但是，你什么时候才把我的手还给我？"

不堪愧疚折磨的父亲终于崩溃，最后举枪自杀。

一场悲剧，只是因为父亲没能控制住自己的一次情绪。

众生总是在无意或是有意间伤害到自己最亲的人，在这则故事中，我们无从得知是父亲伤害女儿的深还是女儿伤害父亲的深，这些都是无心之失，但造成的后果却令人悲伤。

在这个复杂多变的世界里，谁能在我们失意时给我们带来温暖的慰藉？又是谁让我们在前进的路上少受苦难？是亲情。亲情的力量是伟大的，几句随意的聊天就能抚慰我们落寞的心，为我们带来莫大的喜乐。因而，众生要体会亲情、感恩亲人，不要在不经意间远离亲情，世间唯有亲情与众生一生相伴，你要珍之、重之。

第七章　喜乐即是幸福，幸福源于爱人

朋友，一生修行的伴侣

俗话说："君子之交淡如水"，真正的朋友之间并不需要酒肉穿肠过，不需要虚伪的客套，只需要真诚相对，相知相惜。

朋友满天下，知己有几人。总有人感慨："人生得一知己者足矣。"怎奈知己难求，朋友有很多种：有一起吃喝玩乐的酒肉朋友，有不三不四的狐朋狗友，有同甘共苦的患难朋友……但是最让人期待的还是那难求的知己。真正的朋友不必太多，但是一定要是良友；君子之交不在其华，而在其淡。

在弘一法师波澜壮阔的一生中，可称得上莫逆之交的大有人在，其中与夏丏尊之间的友情当为君子之交的典范。

夏丏尊生于1886年6月15日，浙江省上虞县（今上虞市）松厦乡人，小名钊，名铸，字勉旃，1912年改字丏尊。他的祖上一度经商，其父是一位秀才。夏丏尊有兄妹6人，他行三，是兄妹中唯一的读书人。夏丏尊15岁那年中秀才，16岁奉父命赴上海东吴大学的前身中西书院深造，半年后返乡，17岁入绍兴府学堂读书。1905年，19岁的夏丏尊负笈东瀛，入东京宏文学院，两年后考入东京高等工业学校，因未领到官费，遂于1907年辍学回国。回国后，任教于浙江省两级师范学堂。

夏丏尊在浙江省两级师范学堂任日文翻译后不久，先后还任舍监、司训育，并兼授国文、日文。1912年，对于两级师范和夏丏尊本人来说都是历史性的一年。因为就在这一年，注重"人格教育"，力主以"勤、慎、诚、恕"为校训，提倡"德、智、体、美、群"五育并重的经亨颐先生接替了校长之职，而就在这一年的秋天，经亨颐为了加强学校的艺术教育，从上海请弘一法师来校执教。弘一法师的到来，无疑给夏丏尊的生活注入了许多新鲜的活力。

他俩相识虽然不算很早，可一旦相遇，便意气相投、情同手足。对此，夏丏尊自己备感荣幸，他曾说过："和我相交者近十年，他（弘一法师）的一言一行，随时都给我以启诱。"他折服于弘一法师的"神力"，以为"李先生教图画、音乐，学生对于图画、音乐，看得比国文、数学还重。这是有人格作背景的缘故。因为他教图画、音乐，而他所懂得的不仅是图画、音乐；他的诗文比国文先生的更好，他的书法比习字先生的更好，他的英文比英文先生的更好……这好比一尊佛像，有后光，故能令人敬仰"。夏丏尊虽是一位忧国忧民且具有一副古道热肠的人，但也正如他所以为的那样，在那个时候，他身上的少年名士气息已歼除殆尽，只想在教育上做一些实际的工作。因此，从另一个角度上讲，他并不热衷于政治。

弘一法师比夏丏尊长6岁。但他俩趣味相投，加上弘一法师比之于夏丏尊多少显得豁然，而夏丏尊比之于弘一法师又多少显得老成，所以，他俩几乎没有什么年龄上的隔阂。有一幅《小梅花屋图》上的题跋颇能说明他俩的性情和友情。当时弘一法师住在学校的宿舍里，而夏丏尊则住在城里的弯井巷。夏丏尊在那里租了几间旧房子，由于窗前有一棵梅树，遂取名叫"小梅花屋"。

第七章　喜乐即是幸福，幸福源于爱人

"小梅花屋"里挂有弘一法师的朋友陈师曾赠的《小梅花屋图》一幅，图上有弘一法师所题《玉连环》词一首，词曰：屋老，一树梅花小。住个诗人，添个新诗料。爱清闲，爱天然，城外西湖，湖上有青山。

夏丏尊也有自己题写的一首《金缕曲》：

已倦吹箫矣。走江湖、饥来驱我，嗒伤吴市。租屋三间如挺小，安顿妻孥而已。笑落魄、萍踪如寄。竹屋纸窗清欲绝，有梅花、慰我荒凉意。自领略，枯寒味。

此生但得三弓地。筑蜗居、梅花不种，也堪贫死。湖上青山青到眼，摇荡烟光眉际。只不是、家乡山水。百事输人华发改，快商量、别作收场计。何郁郁，久居此。

夏丏尊就是这样一位多愁善感之人。他也曾想超脱一点，尝刻一印曰"无闷居士"。他此时才二十几岁，本不该有多少愁闷，而欲自勉"无闷"，多少说明他的心中早已是闷闷矣（他还有一个号曰"闷庵"）。弘一法师倒是觉得他的这种性格颇为可爱。夏丏尊本不是诗人，而弘一法师则把他誉为诗人，这里也多少是指他的气质人品了。

后来，夏丏尊曾在《弘一法师之出家》一文中说道：在这七年中，他想离开杭州一师有三四次之多，有时是因为对于学校当局有不快，有时是因为别处来请他，他几次要走，都是经我苦劝而作罢的，甚至于有一个时期，南京高师苦苦求他任课，他已接受了聘书，因我恳留他，他不忍拂我之意，于是杭州南京两处跑，一个星期中要坐夜车奔波好几次。他的爱我，可谓已经超出寻常友谊之外，眼看这样的好友因信仰的变化要离我而去，而且信仰的事不比寻常名利关系可以迁就。料想这次恐已无法留得住

他，深悔从前不该留他。他若早离开杭州，也许不会遇到这样复杂的因缘的。

行文虽短，但其中所流露出的淡淡的如水的哀伤，读来足以令人欷歔不已。

还是那句"君子之交淡如水"，真正的朋友之间并不需要酒肉穿肠过，不需要虚伪的客套，只需要真诚相对，相知相惜。虽有别离之苦，但能交到知心朋友，却是一生中最痛快、最喜乐、最幸福之事。

辩才天女（智慧焕发）

众生如父母，理应慈悲对待

当你以慈悲待人，别人以慈悲相报；你以真诚待人，别人以真情回馈。当你一视同仁对待众生，就会口出赞美之词，真心为他人排解烦忧，你将拥有同等的喜乐和福报。

佛曰："三界众生皆为父母亲，当以大慈大悲平等护。"其意是说，三界众生，我们要平等护，换句话说，众生的种种知见，众生的种种欲乐，都要随顺，要像对待父母一样的对待众生。这也就是佛家所说的，慈悲喜舍中的慈无量心，就是这种希望众生得到喜乐的心。

"慈能予乐"，慈与悲合称慈悲，是佛教的根本，一切佛法如果离开慈悲，则为魔法。然而，众生常误解慈悲，认为慈悲由宽恕包容变成了姑息纵容，因此，慈悲的使用必须兼有智慧的相携。真正的慈悲是一种净化、升华的爱，是无私而充满智慧的服务济助，是不求回报的布施奉献，是成就对方的大力愿心，集合了爱心、智能、愿力、布施，就是慈悲。

通常，众生都有一些慈悲心，但众生的慈悲是针对父母亲友的，相对陌生人而言，平等的慈悲就难寻难觅。因为这种慈悲，是源自于爱的基础之上。但是，如果未能做到平等，就不太可能做到真正的慈悲。因此，要先放下对亲人的贪恋，再放下对仇人的嗔恨，而后就能够平等看待，进而对他们产生真正的慈悲。寂天大师说："眼视众生须以真诚慈爱，不能藐视众生。"即使是看众生，也不能用嗔恨的表情怒目相向，应该以慈爱的眼神关注，以喜乐的心境相通。

佛经中记载了这样一则民间故事：

很早以前，一个偏远山区的村落里，住着一位小有名气的雕刻师傅。由于这师傅的雕刻技巧不错，所以附近一村庄的寺庙就邀请他去雕刻一尊"菩萨的像"。

可是，要到达那村庄，必须越过山头与森林。偏偏这座山传说"闹鬼"，有些想越过山的人，若夜晚仍滞留在山区，就会被一个极为恐怖的女鬼杀死。因此，许多亲人、朋友就力劝雕刻师傅，等隔日天亮时再起程，免得遇到不测。

不过，师傅生怕太晚动身会误了和别人约定的时辰，便感谢大家的好意而只身赴约。

他走啊走，天色逐渐暗淡，月亮、星星也都出来了。这师傅突然发现，前面有一个女子坐在路旁，草鞋也磨破了，似乎十分疲倦、狼狈。师傅于是探询这女子，是否需要帮忙？当师傅得知该女子也是要翻越山头到邻村去，就自告奋勇地背她一程。

月夜中，师傅背着她，走得汗流浃背后，停下休息。此时，女子问师傅："难道你不怕传说中的女鬼吗？为什么不自己快点儿赶路，还要为了我而耽搁时辰？"

"我是想赶路呀！"师傅回答，"可是如果我把你一个人留在

第七章　喜乐即是幸福，幸福源于爱人

山区，万一你碰到危险怎么办？我背你走，虽然累，但至少有个照应，可以互相帮忙啊！"

在明亮的月色中，这师傅看到身旁有块大木头，就拿出随身携带的凿刀工具，看着这女子，一斧一刀地雕刻出一尊人像来。

"师傅啊，你在雕什么啊？"

"我在雕刻菩萨的像啊！"师傅心情愉悦地说，"我觉得你的容貌很慈祥，很像菩萨，所以就按照你的容貌来雕刻一尊菩萨！"

坐在一旁的女子听到这话，即刻哭得泪如雨下，因为她就是传说中的恐怖女鬼。

多年前，她只身带着女儿翻越山头时，遇上一群强盗，但她无力抵抗，除了被奸污外，女儿也被杀害；悲痛的她，纵身跳下山谷，化为"厉鬼"，专在夜间取过路人的性命。

可是，这个满心仇恨的女子万万没想到，竟会有人说她"容貌很慈祥、很像菩萨"！刹那间，这女子突然化为一道光芒，消失在月夜山谷里。

第二天，师傅到达邻村后，大家都很惊讶他竟能在半夜中活着越过山头。从那天以后，再也没有夜行旅人遇见传说中的"女鬼"了。

孟子曰："爱人者人恒爱之，敬人者人恒敬之。"当你以慈悲待人，别人以慈悲相报；你以真诚待人，别人以真情回馈。当你一视同仁对待众生，就会口出赞美之词，真心为他人排解烦忧，你将拥有同等的喜乐和福报。

在佛的境界里，在大德、大成就者的境界里，一切都是平等的。诚心诚意，真挚真诚。不管是在什么样的场合，不管是在什么样的情况下，都要尊重他人，要奉献爱心。不管是对穷人还是

得喜乐

对富人，不管是对高贵的人还是对低贱的人，不管是对亲人还是对仇人，不管是对好人还是对坏人，不管是对善人还是对恶人，都要一样有慈悲心、有爱心，这样才会让自己从中收获喜乐和幸福。

吉祥天女（广施资财）

第八章

说喜乐话，功德圆满

古人说："利刃割体痕易合，恶语伤人恨难消。"其意是说，用利刃割伤身体，伤痕容易愈合，而用恶语伤了人心，则会被人耿耿于怀。人与人之间最直接的交流方式就是语言，若想达到最好的效果，彼此之间应该多说让人欢喜的话。佛经云："故当说柔语，莫言不悦语。若说悦耳语，成善无罪也。"若说喜乐的语言，不但不造罪，反会增加功德。

在做事的过程中，除非有利他的必要，否则，任何情况下都不要妄语，只有多说喜乐话，才能功德圆满。

不可妄语、诳语

不能乱讲话，特别是不能说大话和谎话，否则结不了善缘，也就远离了喜乐。

佛门十戒当中，有一戒就是不妄语戒。何为不妄语？简单来讲，就是不要说大话。那么常听人说："佛门不打诳语。"这不打诳语又是何意呢？其实就是不要说谎话。总的来说，就是告诫人们不要随便乱讲话，不说大话和谎话，这样，喜乐就会常伴身边。

《大智度论》中有这样一则故事：

释尊的儿子罗睺罗，年龄很小时不懂事，学会了打诳语。有人来问他："释尊在吗？"他就骗人说："不在。"而释尊不在的时候，有人问："释尊在否？"他却说："在。"结果，很多人都被罗睺罗骗了。

有人把这个情况告诉了释尊，释尊就对罗睺罗说："你去拿澡盆取水来给我洗一下脚。"洗完了脚后，释尊对罗睺罗说："把这个澡盆颠倒过来！"

罗睺罗就把这个澡盆颠倒过来。释尊又说："你给这个澡盆注水！"罗睺罗傻眼了，澡盆已经翻了过来，没办法盛住水。

释尊便对他说："你看看，那些无惭愧之人打诳语，就是把自己的心颠倒了,佛法也无法进入此人的心田,这个道理就如同水无法注入颠倒的澡盆一样。"

佛法是善法,当一个人乱讲话时,他的心里就不会有善法。因此,不能乱讲话,特别是不能说大话和谎话,否则结不了善缘,也就远离了喜乐。

人生在世,人人都藏了一肚子话,都有表达的欲望,但并不是每个人都真正懂得正确表达的方法。很多人因为不懂得正确表达的方法而说错话,惹来非议,甚至与人结怨。所谓祸从口出,不是没有道理的。因此,尽管现代生活需要人多说话,鼓励表达,但仍要注意分寸。

无论是为人处世,还是修身养性,都应该管好自己的嘴巴,避免胡乱讲话,不妄语、不诳语。

那么,是不是一点儿妄语都不能说,一点诳语都不能打呢?原则上是,但也有例外的情况。这就要从持戒的精神上来说了。

不妄语、不诳语,并不代表我们不能说话,持戒不是表面功夫,一定要知道它的精神,要领会它的用意,要明白在日常生活中如何去活用,这个很关键。

须知,戒律不是死的,如果是对众生有利益的,这个时候叫开戒不叫破戒;如果是对自己有利益的,那叫破戒,不叫开戒。也就是说,为了众生的利益,你是可以说一点儿妄语,打一点儿诳语的。

《佛说未曾有因缘经》中有一则故事,很好地解释了开戒的意义:

话说波斯匿王去野外狩猎,突然觉得肚子饿了,便吩咐左右喊厨师拿饭来吃。随从急忙过来告知说,"王啊!我们出来时就

没有带厨师啊！无食物可食，饿着肚子还怎么狩猎呢？"

于是，波斯匿王只好打道回府。

回到王宫，波斯匿王急忙命厨师拿食物来吃。厨师修迦罗言："王，对不起，当下没有食物可食，我立即去做。"

王一听大怒："我都快饿死了，你却说没食物给我吃。那还要你做什么？拉出去斩了。"

这时，末利夫人听说国王要杀厨子，心生怜惜。为了救修迦罗的性命，一向持戒的末利夫人只好开戒。

末利夫人带上做好的美味佳肴，带上伎乐、舞女，前往国王的住所，与王一起饮酒食肉，观赏歌舞。而国王有酒、有肉、有歌舞、有夫人陪着，自然火气全无。

末利夫人知道国王的气已消不会再杀厨子了，于是她假传国王的旨意告诉大臣们厨师不用杀了。

第二天国王为自己一时冲动而杀了厨师郁闷不乐。末利夫人问："国王为什么事情这样忧愁不乐呢？"

波斯匿王说："唉，因我一时糊涂，昨日冲动之下把修迦罗给杀了。"

末利夫人笑着说："如果是为了这件事情，王大可不必再愁了。因为这个人还在啊！"

波斯匿王知道后非常高兴。

末利夫人在一天里破了两条戒律，饮酒和妄语。但她却救了两个人，修迦罗的性命得以保全，波斯匿王避免枉造杀业。

这个故事告诉我们，凡是一切戒律，只要是利益众生的，开戒是有功德的。凡是为了自己的利益而破戒，则是有罪的。

所以，从原则上来说，妄语、诳语是不好的，为人处世，修身养性，就要修口德，不能造口业，不能乱说话。

但佛法不是僵化的，戒律也不是死的，持戒修行的人要注意，最根本的点还在于你是否有善心。若你有善心，利益众生而说诳语，这是不打紧的，但若你只是想着为自己的利益而妄语，那就是罪过。

由此可见，众生在与别人相处时，千万不要说妄语、诳语，不要因为出言不逊而损害了自己喜乐的福报。

坚牢地神（保护土地万物）

第八章　说喜乐话，功德圆满

良言一句三冬暖，恶语伤人六月寒

言谈高雅者，通过婉转的语言，就能把事情处理得非常圆满；说话粗俗者常使大家非常尴尬。一句悦耳的话，可以变尴尬为喜乐；一句粗野污秽的话，则可以导致一场轩然大波。

佛经云："故当说柔语，莫言不悦语。若说悦耳语，成善无罪业。"若说柔和的语言，不但不造罪，功德还会增上。反之，假如以刺耳的语言伤害他人，他人心灵上的伤痕，会很长时间都没办法愈合。真可谓"良言一句三冬暖，恶语伤人六月寒"。言语是喜乐的衣裳，谈吐是喜乐的羽翼。它可以表现一个人的高雅，也可以表现一个人的粗俗。

有一个朋友过生日，请亲戚朋友在饭店里吃饭。他还特意穿上了他以前去香港旅游时买的一件乳白色的蚕丝衬衫，自我感觉非常好。酒席宴前，他神采奕奕地向大家敬酒。结果一个朋友突然冒出了一句："哥们儿，这衬衫可过时了啊！什么年代的东西了？看，上面什么啊，疙疙瘩瘩的！"过生日的这个朋友听了脸色很是不好看，半天都说不出一句话，有人赶紧站起来打圆场，对那个不会说话的朋友说："你这小子外行了吧！这是蚕丝衬衫，价格贵着呢。而且这种衬衫不会有褶皱,不管多少年,照样跟新的一样。"饭桌上的其他人也立即应和着,纷纷称赞主人的衬衫珍贵而漂亮。过生日的朋友舒心地笑了,只是短短的几句话使这顿生日宴会又在欢乐的气氛中继续进行了。

从上面的故事中,我们不难看出,言谈高雅者,通过婉转的语言,就能把事情处理得非常圆满;说话粗俗者则过于草率,使大家非常尴尬。所以说,一句悦耳的话,可以变尴尬为喜乐;一句粗野污秽的话,则可以导致一场轩然大波。

当然,与别人交谈时,除了说一些柔和、悦耳的话语,还应该把意思表达清楚。《入行论》也说:"出言当称意,义明语相关。"不然的话,有些人滔滔不绝讲了半天,别人也不知道他在赞还是在毁,这样就很容易产生误会。总之,良言多些,恶语少些,这样与人打交道的氛围就喜乐多了。

第八章　说喜乐话，功德圆满

不要吝惜"感谢"二字

不要忘记感谢，只有感谢生活，生活才会对你发出喜乐的邀请。当你微笑着对他人说"谢谢"，更是一种内心喜乐的交流，我们会感到世界因这样的息息相通而变得格外充满喜乐。

有两个穷苦的人想上西方极乐世界，但是都不知道去那里的路该怎么走。于是，他们便去问佛祖。佛祖感怀他们的诚心，便来见这两个人。

佛祖到来的时候，正好两个人都饥饿难忍。佛祖便先给了他们一份食物，让他们吃饱了再说去西方极乐世界的事情。

其中一人接过食物后，非常感激，连声向佛祖致谢。可是，另一人却无动于衷，仿佛那些食物就是他应该得到的一样。

等两人吃完食物之后，佛祖只让道谢的那人去了极乐世界。这时，无动于衷的人见了，心中不服，便责问佛祖："你为什么厚此薄彼，难道连佛祖做事也不公平吗？"

听了他的话，佛祖微微一笑说："不是我不公平，而是你根本就没有资格去那里。"

"为什么？"那个人半信半疑道。

"因为你不懂得说感谢。"

"我不就是忘了说声'谢谢'吗,差别也不能这样大呀!"

佛祖严肃地说:"你不是忘了,而是你根本就不知道感恩。一个不知道感恩的人是不会说'谢谢'的。没办法,因为上天堂的路是用感恩的心铺成的,天堂的门是用感恩的心才能打开的。"

请不要吝啬说一句"谢谢",向别人表达谢意,是感恩的表现,更是善良、高尚的品行。

一个村子里,一家人正围坐在餐桌前,准备吃饭。孩子们已经拿着刀叉,等待食物的到来。不一会儿,母亲把食物端上来了。大家一看,那不是面包,也不是牛奶,却是一盆稻草。

孩子们见了,都很奇怪,不知道这究竟是怎么一回事。

这时,母亲看了看一脸讶然的孩子们,严肃地说:"我给你们做了一辈子的饭,你们从来没有说过一句感谢的话,称赞一下饭菜好吃,这和吃稻草有什么区别!"

众生往往对身边的事不以为然,不知道去感谢。如果你认为这是由于事情过于平常所致,其实就是在为自己逃避感恩寻求借口。不要忘记感谢,只有感谢生活,生活才会对你发出喜乐的邀请。不要说别人帮助了你,即使你帮助了他人,也不要忘记对别人说"谢谢"。

当你微笑着对他人说"谢谢"时,不仅是为了表示感谢,更是一种内心喜乐的交流,在这样的交流中。我们会感到世界因这样的息息相通而变得格外充满喜乐。

第八章　说喜乐话，功德圆满

用心听别人说什么，不要指责别人

每个人可以有自己的意见和看法，但却不能将自己的意见和看法强加于人，你可以宣称自己的意见和看法是有益的，却不能认为别人的意见和看法毫无可取之处。

为什么要教导众生用心听别人说呢？理由很简单，人都喜欢听话的人。这话听起来有些绕，但却是一条真理。长辈希望晚辈听话，上司希望下属听话，丈夫希望妻子听话。反过来，晚辈也希望长辈听话，下属也希望上司听话，妻子也希望丈夫听话。

你希望别人能听你的话，同样，别人也希望你能听他的话。从某种意义上来说，人都倾向于说，而不倾向于听。因为我执过重，听别人说，很容易厌烦。即便我执并不重，听别人说得久，也会腻味的。

所以，应该学会多听，而不是多说。佛门在中国发展壮大的一个著名宗派，叫做禅宗，有所谓"不立文字，教外别传"的传统。只可惜后来禅宗的后辈弟子不得心印，更执于言语文字，以口头禅、机锋语徒逞口舌之能，致使禅法落于空妄。但禅宗的法印心传，不言不语，用心正理，这对于众生的生活是很有指导与教育意义的。

用心听听别人说什么，这样做有助于你放下我执，从而学习到新知识，打开新视野，获得好关系。更重要的是，这样做可以让对方得到好的感受。

多用心听听别人说什么。就算别人说我们的坏话，你也可以从中受益，因为你可以通过别人的话语反思自己的行为，从而帮助自己改正错误。

别人讲我们不好，不用生气、难过，说我们好也不用太喜乐。只要你保持一种理智的态度，你就会发现，坏中有好、好中有坏。无论如何，宽容大度总是比睚眦必报好得多。

有的人听别人说事情，不能管住自己的嘴巴和心，一碰到自己不同意的理论就要与人争辩不休，指责别人，希望用自己的见解压服对方，甚至改变对方的思想。

你要包容那些意见跟你不同的人，这样你才能得喜乐。你如果一直想改变他，那样你会很痛苦。要学学怎样忍受他，怎样包容他。

指责别人，是我执过重的一种表现。事实上，每个人都有独到之处，同样，也有不对的地方。在指责别人时，也许你自己的见解根本就是错的呢？

有四位僧人很早便开始坐禅，为了避免相互打扰能专心打坐，于是约定持不语戒七天。当天，他们都静默不语，所以打坐的效果非常好。

但是，到了傍晚时分，灯油燃尽，眼看灯火就要熄灭了，其中一人便说："添些灯油吧！"另一人听到后，马上纠正："我们应该不发一言的！"

接着，又一人哈哈笑道："你们俩真笨，为什么要说话呢？"最后一位沾沾自喜说："只有我没讲话。"

这则故事很有意思，它告诉我们，人在告诫他人，或指正他人错误的同时，很有可能自己也抱持着一样的错误。

所以，不要一直对别人不满意，你应该时常检讨自己才对。不要总想着挖别人的缺点，而忽略自己的缺点。一个常常看别人缺点的人，自己本身就不够好，因为他没有时间检讨自己。

如果你能像看别人的缺点一样，如此准确地发现自己的缺点，那么你的生命将会不平凡。如果你不能发现自己的缺点，并改正它，那你就要多听听别人说什么，这样可以帮助你发现自己的缺点，改正自己的缺点。

每个人都有自己的生存之道，自然就有自己的意见和看法，但没有人有资格将自己的意见和看法强加于人，你可以宣称自己的意见和看法是有益的，却不能认为别人的意见和看法毫无可取之处。

特别要注意的是，不要有任何卖弄自己的行为。有时你在自吹自擂时，并没有意识到自己在卖弄自己，但实际上你却是这样做的。别人会认为你是一个不懂人情世故的傻子。这种不良习惯使你自绝于朋友和同事，没有人愿意给你提意见或建议，更不敢向你提一点忠告。你本来是一个很好的人，但不幸你染上了这种坏习惯，朋友、同事们都会离你远去。

其实任何人的看法都有其特异和值得赞赏的地方。对于人生与世间万物，每个人都有不一样的见解，但又无法尽知其中的奥妙，就如同盲人摸象，各执一端而已，除非彼此相互印证、相互学习，才能令自己的见识趋于完整，修养得到提高。

得喜乐

既然如此，与其指责他人，争辩不休，引起矛盾和冲突，破坏彼此喜乐的关系，还不如闭上嘴巴，用心听听别人说什么，从别人的思想中吸取有益于自己的喜乐。

用心听别人说什么，于人于己都十分有益，同时，不要指责别人。当然，别人的所作所为、所言所语，你不同意，可以平心静气地劝告他人，但你不能不顾对方的颜面去指责他，那样对方就失去了喜乐，自然就与你结下了怨恨。

鬼子母天（护佑妇女儿童）

第八章　说喜乐话，功德圆满

多说话，不见得好处就多

一个有修养的人宁可保持沉默寡言的态度，不骄不躁，宁可显得笨拙一些，也绝对不自作聪明，喜形于色，溢于言表。

古人在谈及人生和历史的经验教训时，多次谈到这样一句话，即："君子慎言，祸从口出。"就是说，作为一个君子，不要对人对事妄加评说，有些事自己心里明白就行，有些话能不说就不说，实在没办法，闲聊几句也就过去了。话说多了，喜乐往往就会少了许多，因为有些话或者攻击了别人，会成为别人攻讦的口实。

因此，洪应明先生道："十语九中未必称奇，一语不中则愆尤并集；十谋九成未必归功，一谋不成则訾议丛兴。君子所以宁默勿躁，宁拙勿巧。"这段话的意思是说：做人要谨言慎行。即使十句话你能说对九句也未必有人称赞你，但是假如你说错了一句话就会立刻遭人指责；即使十次计谋你有九次成功也未必得到奖赏，可是其中只要有一次失败，埋怨和责难之声就会纷纷到来。所以一个有修养的君子，为人宁可保持沉默寡言的态度，不骄不躁，宁可显得笨拙一些，也绝对不自作聪明，喜形于色，溢于言表。

　　人的一生总会遇到不平之事，受到不公正的对待，刚强鲁莽者会拍案而起，退一步说，也会心怀不满，大发牢骚。

　　这似乎是人的本能，但这么做的结果却并不圆满，有时甚至会引来身家之祸。他们忘记了一个简单的道理：祸从口出。

　　打工妹燕子找到了一份在饭店做服务员的工作，却只上了一天班就被老板辞退了。其实她的条件并不是很差，也没有做错什么事，只是不小心问了一句不该问的话。

　　那天，燕子刚一上班，店里就进来了三位客人，她随即拿出菜单，去让这三位客人点餐，第一位客人点的是糖醋里脊，第二位客人点的是宫保鸡丁，第三位客人点的是京酱肉丝，但是，他特别强调要用干净一点的杯子倒啤酒。

　　很快，燕子将这三位客人所点的菜，用盘子端了出来，一边朝他们坐着的方向走来，一边还大声地向这三位客人问道："你们谁要用干净一点的杯子盛酒……"

　　就凭燕子的这一句话，老板当然会毫不客气地向她下辞退令，因为她的问话很使老板脸上无光。

　　生活中有些人快人快语，有啥说啥，话无禁忌，不知道什么该说什么不该说。如果是在一个熟悉的环境里，大家都知道你的个性，可能无所谓。但是，要是在陌生环境中，和你不熟悉的人想说什么就说什么，不分场合、不分对象是绝对不可以的。

　　那么，我们每天都要和同事、领导交流，就一定要掌握说话办事的艺术，什么话能说或不能说，什么事能做或不能做要心中有数，有时候，吃亏就是因为说了不该说的话，做了不该做的事。

第八章　说喜乐话，功德圆满

张小姐在某国家机关做办公室文员，她性格内向，不太爱说话。可每当就某件事情征求她的意见时，她说出来的话总是很伤人，而且她的话总是在揭别人的"短处"。有一次，同一部门的同事穿了件新衣服，别人都称赞"漂亮"、"合适"之类的话，可当人家问张小姐感觉如何时，她便毫不犹豫地回答说："你身材太胖，不适合。这颜色对于你这个年纪的人显得太嫩，根本不合适。"

这话一出口，原本兴致勃勃的同事表情马上就僵住了，而周围大赞衣服好看的人也很尴尬。因为，张小姐说的话就是大家都不愿说的使人失去喜乐的"老实话"。虽然有时她也很为自己说出的话不招人喜欢而后悔，但她总是忍不住说些让人接受不了的实话。久而久之，同事们把她排除在集体之外，很少就某件事儿再去征求她的意见。她也就成了这个办公室的"外人"。

如果不懂得说话时掌握分寸，"快人快语"，在人际交往中就容易得罪他人，会让你在人际关系上屡遭挫折。因此，千万要记住，不要以心直口快作为挡箭牌，心口一致固然好，但要留个把门的，该直则直，该婉则婉。

麦彭仁波切曾说："语言若不庄重者，如同乌鸦众人恨。"乌鸦成天哇哇乱叫，人们把这声音视为恶兆，所以都讨厌乌鸦。同样，语言不庄重的人，说起话来东拉西扯、喋喋不休，也势必会招来众人厌恶。

《墨子》中有这样一段记载：

子禽向老师墨子请教："多说话有好处吗？"

墨子答道："癞蛤蟆和青蛙，白天晚上叫个不停，叫得口干舌燥，也没有人去听它的。你看那雄鸡，在黎明按时啼叫，天下

得喜乐

皆为之振动，人们早早就起来了。所以，多说话有什么好处呢？重要的是，话要说得切合时机。"如果口无遮拦，直来直去，害人害己往往会带来不良的效果；如果切合时机，即使话不多，也可以让人人得到喜乐。

火天（居家平安）

第八章　说喜乐话，功德圆满

不理会谩骂，谩骂就伤害不到你

记住，恶口永远不要出自于我们自己的口中，不管对方有多坏、有多恶。你骂他，你的心就被污染了。你可以将对方当成善知识，他骂你实际上就是在帮助你放下心中的嗔念。

在人世间，估计还没有人能不被人骂的，即使是再好的人，也有不得人意的时候，挨骂也就在所难免了。挨骂并不是重点，重点是你如何对待谩骂。当别人谩骂你时，你是据理力争、不断辩解，还是以牙还牙、以口还口呢？

有位禅师在旅途中碰到一个不喜欢他的人。连续几天，那个人都找借口，用尽各种方法污蔑禅师，时不时地就要谩骂禅师几句。但是禅师始终都不作回应。

过了几天，那个人似乎折腾得有些累了，这时，禅师转身问他："若有人送你一份礼物，但你拒绝接受，那么这份礼物属于谁呢？"

那人信口回答："这不是废话吗？当然属于原本送礼的那个人。"

禅师笑着说："没错，你很聪明。若我不接受你的谩骂，那你就是在骂自己。所以,不要去骂别人,那是吃力不讨好的事情。"

在众生眼中,不管怎么样,被人谩骂都不是什么好事。因为被谩骂,很多人都会生出憎恨的心。然而禅师却对无端被人谩骂丝毫没有介意,甚至还认真开导骂自己的人,这需要多么高水平的修养啊!

记住,恶口永远不要出自于我们自己的口中,不管对方有多坏、有多恶。你越骂他,你的心就被污染了。你要想,他这样骂你,其实是因为不了解你。你也可以将对方当成善知识,他骂你实际上就是在帮助你放下心中的嗔念。

别人可以违背因果,别人可以害我们、打我们、毁谤我们,可是我们不能因此而憎恨别人。众生一定要保有一个完整的本性和一颗喜乐的心。

北宋名臣吕蒙正从不喜欢记别人的过失,即便有人骂自己,他也能当做没有听见。在他初任参知政事时,有名官吏在朝堂帘内指着吕蒙正说:"这小子也当上了参知政事呀!"

吕蒙正就好像没有听见这句话。与吕蒙正同在朝班的同僚非常愤怒,下令追问那个人的官位和姓名。

吕蒙正急忙阻止他们,不让查问。下朝以后,那些与吕蒙正同在朝班的同僚仍然愤愤不平,后悔当时没有追查。吕蒙正则对他们说:"一旦知道那个人的姓名,则终身不能忘记,不如不知道为好。不去追问那个人的姓名对我来说也没有什么损失。"

慈受禅师有《退步》诗曰:"万事无如退步人,摩头至踵自观身,只因吹灭心头火,不见从前肚里嗔。"

做人要学会退让和忍耐,不能那么冲动,仿佛火药一样,一

第八章　说喜乐话，功德圆满

撩拨就开炸的人是很危险的。一旦爆发怒火，伤害了别人，也伤害了自己。

面对别人的谩骂，你要先让自己冷静下来。事情因何而起，到底孰是孰非，都应该弄清楚，然后想办法去化解冲突和矛盾。一旦能够心平气和地面对现实，自然就可以找出化解矛盾的方法，一场可能发生的争吵或灾难，就这样无声无息地大事化小、小事化无了。这样不仅是为了教化别人，更是为了帮助自己得到喜乐。

风天（有损有利）

第九章

满怀善心，生活中得喜乐

播种善因，收获善果。《周易》说："积善之家，必有余庆；积不善之家，必有余殃。"人生百态，最重要的就是品行，欲做事，先做人，做人的根本就是有一颗善心。满怀一颗善心的人就是有一种无价精神财富，再多的钱财带给众生的只是瞬间的满足，远还不如与人为善所带给众生的喜乐。

无论做人还是做事，与人为善是一个最基本的出发点。

第九章 满怀善心，生活中得喜乐

有人跟你争执，让他赢又何妨

在生活中，当有人跟你争执时，你就让他赢，赢跟输都只是意气之争罢了。当你让对方赢时，你并没有损失喜乐。所以，不妨糊涂一些，把心胸放宽，自然也就得到了喜乐。

仙崖禅师外出弘法，在路上遇到一对夫妻吵架。

妻子说："你算什么大丈夫，窝囊废一个，简直一点都不像个男人！"

丈夫怒道："你敢再骂一句，我就揍你！"

妻子骂道："我就骂你，你就是不像个男人！"

两人一时间吵得不可开交。

仙崖禅师看得有趣，于是转头对过路的行人大声招呼说："大家快来看啊！进戏园子看戏，要买门票；看斗蟋蟀、斗鸡也需交钱；现在有二人相斗，不要钱，大家赶快来看啊！"

夫妻俩无暇理会禅师，继续吵个不休。

丈夫吵不过妻子，恼羞成怒道："你再骂我，我就杀了你！"

妻子不理他，仍然大骂不止。

仙崖在旁边拍着手，大声喊道："精彩极了，现在要杀人了，快来看啊!"

有个路人看不过去,站出来批评仙崖:"和尚,你在这儿吵吵什么?人家夫妻吵架,有你什么事?你不去劝架倒也罢了,反而在这里幸灾乐祸!"

仙崖说:"怎么没我的事?你没听到他们要杀人吗?死人是要请和尚念经超度的,念经时,我不就有红包拿了吗?"

路人愤怒地说:"真是岂有此理!为了红包就希望杀死人!亏你还是个出家人。"

仙崖说:"希望有人不死也可以,那就要听我说了。"

这时,连吵架的夫妻也转移了注意力,不再吵架,和路人一起围上来想听听仙崖禅师和人争吵什么。

仙崖禅师对吵架的夫妻说:"哟!你们俩怎么不吵了?"

夫妻俩本来只是一时之气,现在回过神儿来,顿时都红了脸。

仙崖看了看他们,继续说:"再厚的寒冰,太阳出来时都会融化;再冷的饭菜,柴火点燃时都会煮熟。夫妻有缘生活在一起,更应当互相敬爱,虽然难免会遇到难处,但是那些迟早都会过去,何必为了一些鸡毛蒜皮的小事,辜负了共同生活在一起的缘分呢?"

再厚的阴云,也会被风吹散;再厚的寒冰,也会被太阳融化;再大的困难,也终究会过去;再深的误解,总有一天会冰释。但问题是,在阴云尚未被吹散、寒冰还没被融化、困难还没过去、误解还没消除之前,众生是否能控制住自己喜乐的心,不让它被阴云所罩呢?

在生活中,当有人跟你争执时,你就让他赢,赢跟输都只是意气之争罢了。当你让对方赢时,你并没有损失喜乐。所以,不妨糊涂一些,把心胸放宽,自然也就得到了喜乐。

第九章　满怀善心，生活中得喜乐

交往只求将心比心

如果大家都将心比心，生活将不再闭塞，不再冰冷，不再无助，不再处处充满陷阱，众生的日子会充满阳光和鲜花，会多一份喜乐。

佛教中有一个众所周知的故事：

鬼子母有一千个儿子，她最疼爱小儿子。而鬼子母爱吃小孩肉，常到人间抓小孩，活生生地当食物吃。人们受不了这种痛苦，纷纷向佛陀求救。佛陀于是通过神变，将鬼子母的小儿子捉来，扣在自己的钵里。

鬼子母回来发现小儿子失踪了，特别着急，不吃、不喝、不睡，上天入地到处找，整整找了七天，也没有找到。后来，她听说佛陀无所不知，就到佛陀那里去哭诉。

佛陀说："你有一千个儿子，才丢了一个就这样难过。别的百姓只有两三个孩子，甚至是独生子，却被你吃掉了。你想想人家的心情，是不是比你更痛苦？"

听到这番话，鬼子母当下醒悟，在佛陀面前忏悔道："我错了，只要能让我找到小儿子，我再也不吃别人的孩子了。"佛陀便把她的小儿子从钵里放出来，还给了她。

　　古人讲说："己所不欲，勿施于人。"自己不愿意接受的痛苦，千万不要加在别人身上，因为别人也同样不愿意。如果每个人都能在守好自己本位的同时，多多给予他人关爱体贴，那么，生活又何尝不会迸发出绚丽的色彩？那样我们就会觉得生活充满了喜乐和希望。

　　从上面的例子中，我们不难看出，如果众生和所有善良的人们将心比心，就会觉得生活不再闭塞，不再冰冷，不再无助，不再处处充满陷阱，众生的日子会充满阳光和鲜花，会多一份喜乐。只要把将心比心付诸行动，喜乐就会在前面等着大家。

欢喜天（成就善事）

第九章　满怀善心，生活中得喜乐

宁得罪君子，不得罪小人

俗话说："宁得罪君子，不得罪小人。"生活中，为了喜乐，尽量不与小人发生正面冲突。得罪了一个小人，便多了一群敌人，从此一刻也不得安宁。

如今，道貌岸然的小人特别多。他们为了获得一些利益，比如钱财、名声、权势，口口声声说是为了救度天下苍生，为了人们的幸福喜乐……乍听之下，定会为其"毫不利己，专门利人"的胸怀所感动，但落到实处时，却令人大失所望——他们心胸狭小，为了一己私利，不择手段，不惜伤害别人，甚至挑拨离间、造谣中伤、结仇记恨、落井下石……见不得阳光的计策，层出不穷。

历史上这样道貌岸然的小人可以说是比比皆是。

李林甫是唐玄宗的宠臣，其人心胸极其狭窄，容不得别人得到唐玄宗的宠爱。唐玄宗有个喜好，他比较喜欢外表英俊、一表人才、气宇轩昂的武将。有一天，唐玄宗在李林甫的陪同下正在御花园里散步，远远看见一个相貌堂堂、身材魁梧的武将走过去，便赞叹了一句："这位将军真英俊！"并随口问身边的李林甫那位将军是谁,李林甫支吾着说不知道。事后,李林甫暗地里指使人把那位受到唐玄宗赞扬的将军调到一个非常偏远的地方,使他再也没有机会接触到唐玄宗,当然他的前途也就毁了。从此事也可以看出,小人的心眼极小,为一点小荣辱都会不惜一切代价,干出损人利己的事来。

可见,道貌岸然的小人,常爱故弄玄虚、耍弄伎俩,真是令人防不胜防,说不定什么时候就会在你背后放暗箭,而能躲过暗箭的人没几个。

"安史之乱"平定后,立下大功并且身居高位的郭子仪并不居功自傲,为防小人嫉妒,他反而比原来更加小心。有一次,郭子仪生病了,有个叫卢杞的官员前来拜访。此人乃是中国历史上声名狼藉的奸诈小人,相貌奇丑,生就一副铁青脸,脸形宽短,鼻子扁平,两个鼻孔朝天,眼睛小得出奇,时人都把他看成是个活鬼。因为如此,一般妇女看到他这副尊容都不免掩口失笑。郭子仪听到门人的报告,马上下令左右姬妾都退到后堂去,不要露面,他独自凭几等待。卢杞走后,姬妾们又回到病榻前问郭子仪:"许多官员都来探望您的病,您从来不让我们躲避,为什么此人前来就让我们都躲起来呢?"

郭子仪微笑着说:"你们有所不知,这个人相貌极为丑陋而内心又十分阴险。你们看到他万一忍不住失声发笑,那么他一定会嫉恨在心,如果此人将来掌权,我们的家族就要遭殃了。"郭子仪对这个小人太了解了,在与他打交道时做到小心谨慎。后来,这个卢杞当了宰相,极尽报复之能事,把所有以前得罪过他的人统统陷害了,唯独对郭子仪比较尊重,没有动他一根毫毛。

这件事充分反映了郭子仪对待小人的办法既周密又老练,他

第九章 满怀善心，生活中得喜乐

对待小人的办法可以给众生一个有益的启示："宁得罪君子，不得罪小人。"因为，得罪了君子，我们还知道因何得罪，如何修补。得罪了小人，却往往让我们如坠云雾山中，百思不得其解。得罪了君子，可能反倒结识了一位朋友，君子只认理，不记仇，事情过了便不留痕迹。得罪了一个小人，便多了一群敌人，从此一刻也不得安宁。

一句话：在日常生活中，为了喜乐，尽量不与小人发生正面冲突，不到万不得已，那就别得罪小人！

罗刹天（呵责罪人）

别人的短处，切莫揭露和高谈阔论

常言："聋子旁边不说聋，跛子旁边不说跛。"要想与他人友好相处，就要尽量体谅他人，维护他人的自尊，避开他人喜乐的"雷区"。

在《弟子规》里有这么一句话："人有短，切莫揭；人有私，切莫说。"其意为，对于别人的短处，不要揭发出来；发现了别人的隐私，也不要传出去。

《菜根谭》云："不责人小过，不发人隐私，不念人旧恶，三者可以养德，亦可以远害。"其意是不责备别人的小错，不揭发别人的隐私，不惦念以前的嫌隙，这三者不仅可以培养德行，让自己得喜乐，还能让自己远离祸害。

这些都是古人的处世之道，我们应当引以为鉴。正所谓："人非圣贤，孰能无过？"人不可能不犯错，也不可能一直祥光罩身。所以几乎每个人都有不太光彩的过去，或者有身体或性格上的缺陷，而这些就构成了一个人的短处。每个人的短处都是不愿意让人知道的。可是现在有些人就喜欢揭露别人的短处或者隐私，把别人伤得体无完肤。这是非常不厚道的行为。

第九章　满怀善心，生活中得喜乐

俗语说："打人别打脸，骂人别揭短。"不管在什么情况下，众生都要学会留口德，管好自己的舌头，否则会惹下麻烦，无法收场。

明太祖朱元璋出身贫寒，做了皇帝后自然少不了有昔日的穷哥们到京城找他。这些人满以为朱元璋会念在昔日共同受罪的情分上，给他们封个一官半职，谁知朱元璋最忌讳别人揭他的老底，以为那样会有损自己的威信，因此对来访者大都拒而不见。

有位朱元璋儿时一块光屁股长大的好友，千里迢迢从老家凤阳赶到南京，几经周折总算进了皇宫。一见面，这位老兄便当着文武百官大叫大嚷起来："哎呀，朱老四，你当了皇帝可真威风呀！还认得我吗？当年咱俩可是一块儿光着屁股玩耍，你干了坏事总是让我替你挨打。记得有一次咱俩一块偷豆子吃，背着大人用破瓦罐煮，豆还没煮熟你就先抢起来，结果把瓦罐都打烂了，豆子撒了一地。你吃得太急，豆子卡在嗓子眼儿还是我帮你弄出来的。怎么，不记得啦！"

这位老兄还在那喋喋不休唠叨个没完，宝座上的朱元璋再也坐不住了，心想此人太不知趣，居然当着文武百官的面揭我的短处，让我这个当皇帝的脸往哪儿搁。盛怒之下，朱元璋下令把这个穷哥们杀了。

想要荣华富贵，这可以理解，但也不能急迫到口不遮掩，戳人短处。常言说"聋子旁边不说聋，跛子旁边不说跛"就是这个道理。因而，要想与他人友好相处，就要尽量体谅他人，维护他人的自尊，避开他人喜乐的"雷区"。

《格言联璧》云："静坐常思己过，闲谈莫论人非。"弘一法师也曾说："吾每日思己之过都来不及，哪里还有时间批评他人

得喜乐

是非？"

其实，宣扬别人的恶行，也等于自己作恶。过多地揭露别人的短处，不但有损自己德行，也会因此与人结下怨仇，祸延及身，使自己远离了喜乐。一个德行好的人，绝对不会揭露别人的短处，或者对别人的短处高谈阔论，更不会到处传扬。

韦驮天（守护平安）

第九章　满怀善心，生活中得喜乐

不能轻易地抛弃老友，也不能全信新友

真正的朋友，在你获得成功的时候，为你高兴；在你遇到不幸或悲伤的时候，会给你及时的支持和鼓励；在你有缺点可能犯错误的时候，会给你正确的批评和帮助。

方海权说："对朋友以一无所求为本，朋友有难当尽力相助，有此真心，自得知己。"俗话说："在家靠父母，出门靠朋友。"朋友是你遭遇困境，为你解困的人；朋友是推动你事业发展，帮你实现自己愿望的人；朋友是可以让你信赖和依靠，助你走向成功的人。在社会中生存，不能没有朋友。

常言道："美酒越久越香，朋友越老越好。"历代一些有名的帝王，如汉光武帝刘秀、明太祖朱元璋，虽然贵为天子，却仍不忘旧友。

比如，朱元璋当了皇帝以后，下令在全国范围内寻找年轻时和他一起种田的老朋友田兴，并亲自写信致老友："皇帝是皇帝，朱元璋是朱元璋，你不要以为我做了皇帝就不要老朋友了……"

可是，我们身边的有些人一旦发达了，就会喜新厌旧，老友看上去已索然无味，新鲜的朋友对自己很有吸引力。这些人薄情

寡义，他们喜欢找"对味儿"的朋友，可得到的却尽是曲意奉承、居心叵测之辈。

以往，鹞子与乌鸦累世为仇，相互攻击，一直没完没了。争斗中，乌鸦的军队总是屡战屡败。

乌鸦国一位足智多谋的大臣，在仔细分析了敌我情况后，制定出了一条巧胜敌方的妙计。

它让别的乌鸦将自己身上的羽毛拔光，扔到一个荒无人烟的地方。当鹞子军队经过时，秃毛的乌鸦大臣便悲啼哀嚎，高呼救命："无情无义的乌鸦把我抛弃了！我无依无靠，求你们救救我吧！"经过盘问，乌鸦大臣说："我一直劝乌鸦国王，希望两军言和。可它不听，一怒之下将我害得好惨。"

虽然鹞子国的大臣们一致认为这可能是奸计，但鹞子国王经不起乌鸦大臣的哀求和甜言蜜语，在一味歌功颂德的"糖衣炮弹"攻击下，鹞子国王破例收留了它。

之后，乌鸦大臣以各种方法博取鹞子国王的欢心，终于爬上了丞相的宝座。

一日，它对鹞子国王说，鹞子的巢穴不科学，需要改革：筑巢的材料应使用干柴，里面垫上细软的干草，下面悬空以便通风，这样昼夜休息都很舒适温暖，同时因干燥的缘故，也可免除风湿等恶疾。鹞子国王听后，大加赞赏，吩咐马上照办。

由于鹞子的生活习惯是白天睡觉，晚上外出寻食。一天中午，正当鹞子君民在安乐窝中呼呼大睡时，乌鸦大臣点起一支火把，将鹞子王国烧得片甲不留。

这个故事告诉众生一个道理，老朋友不可轻言抛弃，新朋友也不能完全给予信任，要明白只有逐渐建立起来的关系，才能经

得起考验。

在这个世界上人不可以没有父母，同样也不可以没有朋友。真正的朋友，在你获得成功的时候，为你高兴；在你遇到不幸或悲伤的时候，会给你及时的支持和鼓励；在你有缺点可能犯错误的时候，会给你正确的批评和帮助。所以，在交朋友时，一定要用心，不要被一时的甜言蜜语而迷惑，切不可因新而厌旧。

娑竭罗龙王（呼风唤雨）

第十章
健康地活在当下，喜乐永在

佛经上说：病由业起，业由心造。一切疾病的根源，都是我们内心攀缘外境所产生的杂念。一切疾病都是由于过去的妄念，在身体、语言和意念上的体现。从而，造成了许多疾病的因，并开花结果，生出病来。其实，喜乐来自内心，不要向外寻求。从外境和物质当中得到的喜乐是短暂且肤浅的，而健康是清净心所感应的结果，健康是喜乐的基石，只有健康地活在当下，才能真正地体味生命的意义。

无论贫富贵贱只要拥有健康快乐,就是人生大幸。很多众生,觉得金钱才是得到喜乐的基石,而忽略了健康才是得到喜乐的关键。

第十章　健康地活在当下，喜乐永在

失去健康，一切喜乐都归于沉寂

一生一世，草木一秋，生老病死是一个不可抗拒的自然规律。健康，只能靠众生自己去维护。只要拥有了健康的体魄，众生才会真正体会到喜乐的味道。

健康很重要，因为健康是喜乐的根本，是家庭幸福、事业成功的关键！有健康不见得拥有一切，但没有健康就没有一切。一旦失去健康，所有的喜乐都会归于沉寂。

悉达多（后来的佛祖释迦牟尼）本是太子，早已拥有了令人艳羡不已的一切，然而，他却毅然抛弃了这一切，义无反顾地过着苦行僧的生活，最后开创佛教，他这样做的原因就是源于他两次出游的所见所闻。

悉达多出游时，看到一位神形枯槁、满脸愁容、弯腰驼背的老人，步履蹒跚、跟跟跄跄地走着，样子十分可怜，就上前扶住老人，准备带他进宫享福，为他养老送终。但老人不但没有叩头谢恩，反而向太子提出了一个十分奇怪的问题："您可以给我饭吃，给我衣穿，可您不能让我的白发变黑，让我的驼背变直，让我掉光的牙齿再长出来。我需要的是生命青春的再来。如果太子能恢复我的青春,我就用不着跟随您进宫。如果太子不能恢复我的青春,我随您进宫又有什么用呢?"

面对老人的发问,悉达多无法回答。

他又往前走,远远看见一位麻风病人躺在街中心,这个病人四肢残缺不全,满身疥疮,全身的肌肉都在不停地痉挛,嘴里不停地哀鸣。

看到病人这副可怜相,悉达多眼里噙着泪珠,把自己身上缀满珠宝的外衣脱下来,亲自披在病人身上,让他赶快去求医治疗,并对病人说:"我今天外出没有带钱,就把这件衣服送给你吧!这衣服上的珠宝,价值万金,你拿去换钱治病吧!"

出乎他的意料,病人并没有接受施舍,而是说:"您送给我的宝衣,虽说价值万金,可并不能换取到健康。我得的这种病,是根本无法治好的。我需要的是健康的身体,您能给我健康吗?"

悉达多回答不出病人的问题,不由得悲从中来,再也不忍心看下去了。他回到宫中一直闷闷不乐,想着出游看到的老人和病人,想着他们的痛苦,想着他们提出的问题。

后来,悉达多在又一次出游时,碰到一队送葬的人,男的、女的、老人、小孩都哭声凄惨。极目四望,他看到那一片片的坟头,大受震撼,低头沉思:世界上任何人都逃脱不掉这一关,我自己也一样,过不了多少年,就会被埋到黄土之中。

这一切令悉达多大为震动,他发誓:"我一定要弄明白,人为什么会衰老?为什么会生病?为什么会死?我一定为众生,也替自己寻找解决生老病死的途径,免除人类的痛苦,让众生欢喜地活在这个世间。"为此,29岁的悉达多出于一种伟大的使命感,出于拯救众生苦难的责任感,舍弃娇妻爱子,舍弃锦衣玉食,舍

弃江山权势，舍弃一切别人唯恐得不到的东西，一心寻找使众生摆脱生老病死的途径，从而开创佛教，成为佛祖。

健康长寿是众生的共同愿望，古今中外概莫能外，这是当代人生活中的殷殷期盼和衷心祝愿。一生一世，草木一秋，生老病死是一个不可抗拒的自然规律，所谓长生不老是不可能的。从秦始皇派人去东瀛蓬莱仙岛寻找长生不老药，到汉武帝服食不死丹药，从魏晋时期的炼丹术到唐宋时期服食的寒石散，都想寻求返老还童的灵丹妙药，但都以失败而告终。健康，只能靠众生自己去维护。只要拥有了健康的体魄，众生才会真正体会到喜乐的味道。

曾经有人用"100000000……"来比喻人的一生，其中"1"代表健康，各个"0"代表生命中的事业、金钱、地位、权利、快乐、家庭、爱情、房子、车子……纷繁冗杂的"0"充斥了人们的生活，"1"常常被忽视，但"1"一旦失去，所有的喜乐都会归于沉寂。

这个比喻如此地让那些只顾工作、只顾财富的追逐而忽视自身存在的众生感到震惊！众生往往为了工作而投入大量的精力和时间，甚至无暇休闲、运动、养生和注意自己的健康。再加上常有患得患失之心，精神上的压力很大。这样的情况，正是培养慢性病的温床。试想：一个生命垂危的亿万富豪，躺在病床上奄奄一息，即使拥有豪宅美酒、功名利禄恐怕也无福消受，转眼间一切成为过眼云烟。万里长城今犹在，不见当年秦始皇。名利本是身外物，真正的喜乐来自健康。

你是健康的，就是快乐的

请爱惜我们的身体吧，那才是人生真正的财富！只有拥有了这样的财富，家庭的喜乐、事业的喜乐……才会接踵而至。

俗话说得好：身体是革命的本钱。好的身体是你事业的基础和前提条件。追求健康是永远不会退出流行潮流的，能够有一副健全的身体就是一种喜乐！

2003年12月30日，被称为香港演艺界"大姐大"的梅艳芳病逝，终年四十岁。她的离开让无数喜欢她的人悲痛不已，也让人们思考着健康的重要性。

2007年6月，侯耀文突发心脏病猝死。只留下笑声在人间。

2009年6月初，著名电视播音员罗京病逝，让无数人为之叹息，引发了新一轮对健康的讨论。

其实最近几年，名人英年早逝的很多，这不得不让我们静下来好好想一想了。拥有再多的才华，再多的金钱，也不能留住他们离去的脚步。因为健康，是什么都无法换取的。

还有一个让人痛心的真实案例，希望能为我们敲响警钟：

单亮，是西安交通大学外语学院学生，2004年6月4日，因

突发高烧被同学和老师送入医院，6月13号凌晨离开了人间。单亮同学曾担任校学生会的干部，学习成绩一直居于专业前列，多次获得校综合奖学金，2004年被定为免试研究生。医生说："单亮被送到医院的时候，已经深度昏迷，体温高到41度，然后有肾功能的损害，还有呼吸功能的衰竭，在治疗的过程中，情况逐步加重，后来又出现了多器官功能衰竭，最终不治身亡。"

医院诊断他是患了一种很少见的细菌感染。病情严重的话，可以导致败血症，可以导致化脓性脑膜炎，甚至严重到可以导致人各个器官功能的衰竭，最后导致死亡。

为什么一个这么年轻的男孩，会患上这么严重的疾病？

据了解，单亮生前有多份兼职，它们分别是：私立大学外聘英语老师；两个学生的法语家教；为一位公司经理补习外语；为一家公司翻译资料；一位中专生的家教。

据单亮的同学反映，单亮平时不注意营养，早饭从来不吃。午饭有时候工作起来忘了吃，有时候在外面跑了一天中午就来不及吃，到了晚上9点钟以后回来买方便面总凑合着三顿并成一顿吃。生活不规律，食物没有营养，高强度的工作，不从医学角度理解，就是从一个普通人的角度理解，这些也都是会使身体受到损害的。

平时的不注意，生活的不规律，竟然夺去了一个优秀学生的生命。所以，请爱惜我们的身体吧，那才是人生真正的财富！只有拥有了这样的财富，家庭的喜乐、事业的喜乐……才会接踵而至。

有人做过一个十分恰当的比喻，说身体好而智力不足的人是次品，而只有智力而没有好身体的人是废品。

得喜乐

次品还有利用的价值和利用的方法，而废品的利用则要困难得多。

有一种疾病叫做小儿麻痹症，得上这种疾病后事业选择范围非常狭窄，而且视野也大受其不能自由活动的限制。

但比起不幸的小儿麻痹症患者，更加可悲的是，自己把自己变成"废品"的人。

这些人酗酒、吸毒，"蓄意"造成了自己的不良健康状况，每天过着颓废的生活，进而远离了喜乐。这些人不仅可悲，而且可恨，他们将上天赐予的宝贵财富——健康任意糟蹋。人们常说："健康不是一切，但没有了健康，也就没有了一切。"

所以，我要对众生说：健康无价。有什么别有病，没什么别没健康。健康是生命的基石，是喜乐的源泉。如果在生理上和心理上你是一个健康的人，那你也是一个地地道道拥有喜乐的人。

有人说：人活着就是追求快乐，无论贫富贵贱只要拥有健康快乐，就是人生大幸。今天的众生如果能做到这一点，那可谓是修行到家了。因为很多众生，永远觉得金钱才是得到喜乐的基石，而忽略了健康才是得到喜乐的关键。

第十章 健康地活在当下，喜乐永在

学会享受生命

人生就像是爬山，许多人都在追求那种"山高人为峰，一览众山小"的成功，在急匆匆向上攀登的时候却不知已忽略了身边美丽的风景。

任何生命，终归是要走向结束的。可是，是不是因为我们意识到了生命的最终结果，就去悲观厌世，而与喜乐失之交臂呢？其实，生命的真正意义在于拥有一个完整的过程。过程才是最值得大家咀嚼回味的。

据说世界上寿命最短的生命是蜉蝣，从生到死不过几个小时，但它们在这极短的生命过程中，却完成了整个爱的过程——求偶交尾产卵然后死去。

自然界中的万事万物都有其共性。存在着本身也是一种喜乐。你创造的初衷是希望完好，你毁灭的本意是结束痛苦。而过程就像鲜花的绽放，就像溪水流淌在青山，就像和煦的阳光照耀在健康的肌肤上。你能感受到过程带来的幸福与喜乐。

上天将人降生在大地上，是很难说有什么目的的；即使有，人也不知道。人如果非要给自己的生命设计一个目的，那就是在肉体

得喜乐

生命即将结束之前，尽情地享受生命本身的一切壮丽和喜乐。

人生就像是爬山，许多人都在追求那种"山高人为峰，一览众山小"的成功带来的喜乐，在急匆匆向上攀登的时候却不知已忽略了身边美丽的风景。

享受生命，是享受生命的过程。这过程中有迷惘，有烦恼，有失败，有眼泪……这些痛苦来自父母的絮叨、爱人的争吵、儿女的烦心、上司的刁难、自己的失误，而正是这些痛苦与痛苦后的成功与喜乐编织了我们美丽的人生。

有位施主在他童年的时候，母亲就因为想不开而自杀身亡。母亲自杀的时候，他正好看见了，于是在他幼小的心灵中就留下了阴影，这种阴影一直无法从他心中抹去。

在他十五岁的时候，弟弟也自杀了。亲人接连不断地死亡给了他一种错觉："死亡才是人的最终去处。"于是他也尝试死亡，但是屡次得救。

报恩寺的住持看他十分可怜，就将他收容在寺里，但他认为自己没有任何用处，留在人间只是痛苦，还不如死了算了。

有一天，住持去看望他，看他神情萎靡，就对他说："我不能救你，你要自救！你可以每天坐禅，但是我还要告诉你，坐禅其实是没有用的。"

那个人疑惑不解地问："既然没有用，那为什么还要坐禅啊？"

"正是因为没有用，所以才坐禅啊！"住持说："人活着不是为了用处，而是为了生存。"

人活着不是为了用处，而是为了生存。死亡容易，生存却难，生存得好一些更难！所以，珍惜眼前，才能够把握住喜乐的人生。

"使一个人有限的生命，更加有效，也即等于延长了人的生

命。"这是鲁迅先生说的话。我们每天活着不是活给别人看的，而是要活给自己。人生如花，花开不是为了花落，而是为了灿烂，生命之美更在于生命的本身之美。

因此我们要学会享受生命的这种美。享受生命就是享受生活，享受人生。享受是一种喜乐。不同的人对喜乐有着不同的追求和需要。享受生命，就要让生命活得有价值，生命的价值取决于生命的喜乐程度。让生命充满喜乐，也是一种责任。享受生命，就要给生命定一个目标，并且去实现它，不要到离开时，带着遗憾而去。

两点之间，直线最短。这是一条几何公理，但同样适用于生命的现象。如果说生是人的起点，死就是人生的终点，那么连接这两点的直线或曲线就是生活。如何延长生和死两点间的距离，那就要看你在生活的过程中画的是一条什么线。

享受生命是一种处世态度，更是一种对人生的尊重和理解。

享受生命是享受："有酒学仙，无酒学佛"的自然和坦然；"采菊东篱下，悠然见南山"的恬静和怡然；"在天愿做比翼鸟，在地愿为连理枝"的温馨与甜蜜；更是享受"山重水复疑无路，柳暗花明又一村"的惊奇和喜乐！

享受生命就是说自己想说的话，唱自己喜欢唱的歌，爱自己所爱的人，做自己该做的事。敢说敢干，敢恨敢爱；不偏不倚，不卑不亢！一切顺其自然，一切都是水到渠成，一切都顺理成章！

只有一次的生命是人生最宝贵的财富，但许多众生宁愿用它来换取那些不甚宝贵的财富，把全部生命耗费在名声、权力或金钱的积聚上。他们临终时当如此悔叹："我只是使用了生命，而不曾享受生命中的喜乐。"

用悠闲的态度去做忙碌的事情

忙是创造生活,闲是享受生活。忙中有闲和闲中有忙,找到最佳的工作状态才是众生应该持有的态度。

世上有忙人,也有闲人。忙的人总是很忙。闲的人总是太闲。人生在世,不可不忙。忙使人过得充实,活得有价值有意义。只有忙,才能有所进取,有所作为,这个五彩斑斓的世界就是人们忙出来的。但人又不可太忙。人太忙,神经就紧张,就容易心烦意乱、身心疲劳,就没时间冷静思考问题,更没有时间享受充满喜乐的生活。

曾经有一个这样的寓言故事。一个过路的人大起胆子去问一个卖鬼的人:"你的鬼,一只卖多少钱?"

卖鬼的人说:"一只要200两黄金!我这鬼很稀有的。它是只巧鬼:任何事情只要主人吩咐,全都会做。它又很会工作,一天的工作量抵得上100人。你买回去只要很短的时间,不但可以赚回200两黄金,还可以成为富翁呀!"

过路的人感到疑惑:"这只鬼既然那么好,为什么你不自己使用呢?"

卖鬼的人说："不瞒您说，这鬼唯一的缺点是，只要一开始工作，就永远不会停止。因为鬼不像人，是不需要睡觉休息的。所以您要24小时，从早到晚把所有的事吩咐好，不可以让它有空闲，只要一有空闲，它就会完全按照自己的意思工作。我自己家里的活儿有限，不敢使这只鬼，才想把它卖给更需要的人！"

过路人心想自己的田地广大，家里有忙不完的事，就说："这哪里是缺点，实在是最大的优点呀！"于是花200两黄金把鬼买回家，成了鬼的主人。

主人叫鬼种田，没想到一大片地，两天就种完了。主人叫鬼盖房子，没想到三天房子就盖好了。主人叫鬼做木工装潢，没想到半天房子就装潢好了。整地、搬运、挑担、炊煮、纺织，不论做什么，鬼都会做，而且很快就做好了。

短短一年，鬼主人就成了大富翁。

但是，主人和鬼变得一样忙碌，鬼是做个不停，主人是想个不停。他劳心费神地苦思下一个指令，每当他想到一个困难的工作，例如在一个核桃核里刻10艘小舟，或在象牙球里刻9个象牙球，他都会欢喜不已，以为鬼要很久才会做好。

没想到，不论多么困难的事，鬼总是很快就做好了。

有一天，主人实在撑不住，累倒了，忘记吩咐鬼要做什么事。鬼把主人的房子拆了，将地整平，把牛羊牲畜都杀了，一只一只种在田里。将财宝衣服全部磨成粉末。再把主人的孩子杀了，丢到锅里炊煮……正当鬼忙得不可开交时，主人从睡梦中惊醒，才发现一切都没有了。看来，永远不停止地工作，才是最大的缺点呀！

人既要懂得工作也要懂得休息，否则非累死不可。

得喜乐

美国有位著名企业家李·雅科卡,被美国人推崇为"企业界的民族英雄",按照常理,他应该是个大忙人,但他说:"只要能够专心致志,善于利用时间,做生意就一定能够成功。"

忙的时候,就应该专心忙,认真工作,讲究效率。如果忙的时候,老是想着闲的喜乐,是忙不出什么效果来的。

闲的时候,就应该专心闲,如逛街、郊游、听音乐等。如果闲的时候,老是惦记着没忙完的事,是闲不出什么喜乐来的。

一位华人在美国奋斗了很多年,经过艰苦的打拼,终于用自己的血汗钱买了一幢豪宅,可他没有时间打理,就雇了一名佣人,而他仍旧每天早出晚归拼命工作赚钱,佣人住在他的豪宅里,每天享受着美食,在花园里散步,在他的健身房里锻炼,在他的游泳池里游泳,他在拼命赚钱,佣人替他享受劳动成果。

这个小故事给人很大启迪和思考,我们在忙碌之余,该回过头来回望一下我们走过的路了,不要总是盯着未来,去做那些自己想做,但是为了工作却一拖再拖的事吧。想想自己有没有好好笑过、真正快乐过?或许人生的意义,不过是嗅嗅身旁每一朵绮丽的花,享受一路走来的点点滴滴喜乐而已。不要等到生命走向尽头的时候,让自己空留遗憾。

当你看到这篇文章的时候,一切还不晚。

人不是机器,不可能一周 7 天,一天 24 小时地快速高效运转。蜡烛不能两头点,精力不可过分耗。人需要休息,放松和娱乐。我们不时地需要时间来思考一些事情,整理思绪,愉悦身心。但对于一个总是叫嚷着时间有限的人来说,生活的喜乐好像是触不可及的事情。放慢脚步,其实是一个养精蓄锐的过程。

不要成为生活的奴隶,填饱肚子之余,别忘了心灵也需要营

养。人不能只靠面包生活，你的心灵需要比面包更有营养的东西，你有多久没有唱歌？没有到大自然中走一走？有多长时间没有读书了？

不妨问问自己：你可曾凝视花朵的坠落，你可曾注意过在秋千上嬉戏的小孩子，你可曾聆听细雨落地飞溅的声音，你可曾追逐过飞来飞去的蝴蝶，你可曾凝视着"落日渐黄昏"，你是否曾因无暇联系而使一段珍贵的友谊无奈凋零？

当你匆匆往某处赶时，你就错过了在路上的喜乐；你最好慢下来步子不要这么快，因为时光短暂，生命的喜乐不会持久。

当你生活中满是焦虑和急促时，日子便像未开封的礼物，就这样被你丢掉……生活不是速度的竞赛，让我们放慢生活的舞步，在曲终人散前，仔细聆听——这生命之乐。

给自己一点品味生命的时间，在音乐、艺术、文学和大自然的世界里松懈紧张的情绪，保持一颗喜乐的心，别拿忙碌当借口。多听多看多关怀生命，即使是阴霾的雨天，也会出现欢乐的歌声。

文武之道，一张一弛。无论做什么事情，张弛有度才是最佳的方法。忙是创造生活，闲是享受生活。忙中有闲和闲中有忙，找到最佳的工作状态才是众生应该持有的态度。

众生千万不要人到中年，才后悔年轻时没有享受生活带给我们的喜乐。

附录

照圣禅师精彩开示录

人间菩提

◎ 布施若不是真正心存喜舍,非但没有功德,反增烦恼。

◎ 我们在读书或创业时,自己先要有一个发心,就是发"为人服务、为人牺牲奉献、永不退转"的誓愿,这叫做"不忘初心"。

◎ 有时我们常怪别人不听自己的话,其实自己何尝听自己的话,最不听自己话的人,就是自己。

◎ 古人云:不责人过错,不举人阴私,不念人旧恶,三者可以养德,可以远害矣!

◎ 聪明人得失心重,有智慧的人能舍,能"舍"就能得,得到无限的快乐。

◎ 心念有强大的力量,所以才有必要把心念拿来念佛,把我们的心念安置在最高能量,最欢喜、清净、慈悲的状态。

◎ 把自己的本分事做好,欢喜接受所面临的一切,过一分钟,即消一份灾。

◎ 心静自然人安分,人安分就能过着和乐的日子。

◎ 最平淡的日子,心里最安定,宁静最美,安定最乐。

◎ 勇气不可失,信心不可无,世间没有"不能"与"无能"

的事，只怕——不肯。

◎ 以"妈妈的心"爱天下的众生，以"菩萨的智慧"教育子女。

◎ 要培养一份清净无染的爱，在感情上不要有得失心，不要想得到回报，就不会有烦恼。

◎ 爱要浓淡合宜，像清茶淡香，若是太浓，则苦得喝不下。

◎ 要谈情，就必须谈长情——觉悟的情；要说爱，就必须说大爱——解脱的爱。

◎ 爱得普遍，爱得透彻，爱得干净利落，就是"无缘大慈，同体大悲"。

◎ 父母过分爱子女，会反射成为子女的烦恼，对子女要放心，他们才能安定成长。

◎ 人生能平安顺心并非是没有横逆，而是因为你有能力转化它。

◎ 一个人要先能够"忍受"，忍受失望、忍受怜悯、忍受瞧不起、忍受瞧得起、忍受爱、忍受迷失，然后才能自由自在地追寻自己的理想。

◎ 有许多事情，你要先"受得了"，然后才能找出意义。

◎ 我们不要对目前的遭遇，存有任何埋怨的心理，应该以平静了业的心情来承受，并且要以更虔诚的心来忏悔行善，以弥补自己所造的业。

◎ 谨慎、警觉，是心航的导师；光明、柔和，是内在的佳侣。

◎ "随"不是跟随，是顺其自然，不躁进、不过度、不强求；"随"不是随便，是把握机缘，不悲观、不刻板、不慌乱、不忘形。

◎当我们年龄渐长，愈来愈觉得钱之可贵，就可能用钱去衡量一切，甚至衡量爱。岂知在这世界上，没有钱之前，早有了爱。当我们没有赚到钱之前，早赚到了爱，我们因爱而来到人世，有一天离开，带不走钱，只带得去满怀的爱。

◎网路连结了全世界的讯息，却接收不到人们心底真实的感情。

◎要想能够说出正面的话、良善的话、有意义的话，首要之务就要从净化自己的心灵开始，有净化的心灵，就会有净化的意念，有净化的意念才能说出良善美好的言语。

◎没有被日出万丈的光芒照过眼睛，没有与月光并肩同行过，没有听过树与风的合奏，你如何体会净土的美好？

◎生命尽管是有缺陷的，但生活是需要赞赏的，一个人如果否定自己的特质，不可能拥有美丽的人生，也不可能拥有幸福。

◎一个人能改善自己的缺点，强化自己的优点，这是个人成功的要务；一个老板如果能包容员工的缺失，甚至欣赏员工的优点，这是企业成功的关键。

◎求全之心，可用之责己，但不可用以交友；满足之心，可用之处境，但不可用以求知。

◎真正的慈悲，来自看见他人的苦痛。你有一种责任感，希望能够给予他人一点帮助。

◎命运中没有偶然，一个人遇到顺境、逆境，完全是由自己创造出来的。

◎智者事事反求诸己，愚者处处外求于人。

◎人之惑，惑于私，私除则明；人之病，病于惰，惰去则勇。

◎ 每个人都希望身处在高超、美好、清净的地方去。但这种地方不是容易找到的。因为，我们的心不改变的话，环境是改变不了的。

◎ 义工，为贪婪自私的行为，留下了身教；义工，为争名逐利的人群，散播了开示；义工，为冷漠机械的社会，增添了光热；义工，为人情纸薄的潮流，注入了情义。

◎ 慈悲是温柔美好的世界，尊重是祥和欢喜的妙方，感恩是幸福安乐的泉源，赞叹是利人化他的法宝。

◎ 当我们被别人误解而产生不平时，先试试放弃戴在心灵的面具吧！

◎ 觉人之伪，不形之于色；吃人之亏，不动之于口。

◎ 只要你愿意为大众写下"历史"的篇章，别人自然乐意为你留下"历史"的轨迹。

◎ 尊敬一个人，要散播他的善行；肯定一个人，要延续他的愿心。

◎ "心无所住"，看到了只是看到，听到了只是听到，从不产生好恶。没有妄念，就没有烦恼心。

◎ 只有在天空最黑暗的时候，我们才能看到天上的星星。

◎ 对于凌驾命运之上的人来说，信心是命运的主宰。

◎ 热情让我们散发光彩，理想让我们甘于等待。

◎ 为真理服务最有价值，为众生服务最为尊荣。

◎ 生活的艰苦，可以从淡泊中度过；人事的不安，可从勤劳与谦让中改善。

◎ 用体谅的心，对待亲情；用结缘的心，对待友情。

◎ 年年不忘春耕，自然能够秋收；时时不离助人，自然能得人助。

◎ 眼睛要生在心里，观察自己；嘴巴要长在心上，评论自己。

◎ 生命中或许有"失望"，但一定不能"绝望"，总要满怀"期望"，而且永不放弃"希望"。

◎ 忍耐是做人第一法；礼貌是处事第一法；谦虚是保身第一法；宽容是用心第一法。

◎ 人的心念意境如能时常保持开朗清明，则展现于周遭的环境，都将是美而善的。

◎ 我们最稳当的保证人，是我们自己的般若智慧。

平等心

◎ 永远别浪费时间去想任何你不喜欢的人。

◎ 健全的心灵，胜过强壮的外表。

◎ 贪欲、憎恨和无知是疾病的三大要素。

◎ 正见的根本意义是：没有分别，视所有的人都是平等的。

◎ 阳光与雨露，对世间的一切生命都一视同仁。

◎ 平等必须先放下我见。

◎ 打破对一切顺逆境的分别，就是在修苦行。

◎ 眼见不生分别，耳听不生分别，是为"自净其意"。

◎ 我们自身的光明要像太阳光一样，对万物一视同仁，无物不照。

◎ 好也笑笑，坏也笑笑，好坏是分别出来的。

◎ 不畏贫从富，不舍贱从贵，大慈平等，都无选择。

◎ 心能平等，我们就能处于一个和谐的世界。

◎ "自大"是心灵的毒药，"平等"是心灵的乐声。

出离红尘

◎ 修行人在我空智慧未生起之前，诃责很重要。诃责惭愧为修行之主，崇重贤善，轻拒暴恶，对恶法永远生起轻视的心。诃责自己为什么生起如此之心，怎可不护己灵。烦恼的现前，主要是靠惭愧心对治。

◎ 当做徒弟的自己准备好了，老师——该出现的老师——就会立刻出现。

◎ 一个有使命感的人，它就有一股正念的力量，来对治自己的烦恼。放逸的人，就不容易对治自己的烦恼，所以菩提心的发起很重要。

◎ 成功的人，很少抱怨，抱怨者很少成功。

◎ 真正的快乐是没有欲望的束缚，真正的幸福是内心有智慧的真理。

◎ 纵然不能入空观，若能深知五欲是罪，心常觉照，则能不随妄转。

习气

◎ 只要有心，小事也可以做成大事；只要有爱，诽谤也可以转为赞美。

◎ 不管任何人，只要满足于现状，就不能不断超越自我，一旦脚步停滞下来，就无法登上生命的顶峰，眺望峰峦之下的瑰丽美景。

◎ 让我们不祈祷在险恶中得到庇护，但祈祷能无畏地面对它们；让我们不乞求我们的痛苦会静止，但求我们的心能够征服它。

◎ 造成生命不断沉沦的主要原因，是我们太自私自利，忙着为自身的利益奔波，缺乏对他人的关怀和同情。

◎ 聚精会神地聆听博学多闻的人谈话，不仅能增进自己的人际关系，获得志同道合的朋友，也可以从中萃取丰富人生所需的养分。

◎ 知感恩、懂珍惜，是富有之人；有肚量、能包容，是豁达之人。

◎ 做事要有头有尾，全始全终；做人要有情有义，全心全意。

◎ 有福莫享尽，享尽见贫穷；有势莫使尽，使尽冤相逢；福宜常自惜，势宜常自恭；人间势与福，有始多无终。

◎ 一直停滞在昨天、过去，就会产生杂念和执著顾恋之心。人一旦时时刻刻回忆往事，便会痛苦、怨恨、不甘心。

◎ 解决困难的最好办法是努力克服困难；获得快乐的最好办法是真心给人快乐。

◎ 明知自己的坏习气，偏偏就戒不了，这就是凡夫俗子的病态！豪杰之人、出尘之士说戒就戒，不容许有坏习气伤身害命！

◎ 能真诚地彻底做到为别人欢喜，也就做到了佛法上的随喜法门。

◎ 真正慈悲的态度，不会因为对方的伤害或敌对而有所改变。

◎ 当面对会让自己心跳及发怒的情境，却能够不心跳、不发怒，就表示这个人有定力，其心不受干扰，这就是心的清净。

◎ 世间事不是一味执著就能进步，留一点空间，给自己转身；余一些时间，给自己思考，不急不缓，不紧不松，那就是入道之门了。

正觉之道

◎ 我们的处境充满希望，解脱的种子就在我们心中。

◎ 贫有二种：一者财贫，二者功德法贫。功德法贫，最大可耻。

生命之歌

◎ 生命之美，在于开启心灵；人生之最，在于心灵教育。

◎ 迷信和无知，是觉知事物本然（真理）的巨大障碍。

◎ "精神的解脱"是所有人类的职责所在。

◎ 人世间最美的事是"信心"。

◎ 人对生死大义有所了解，就能活出庄严的人生；对信仰有所体认，就能活出希望。

◎ 彻底调伏"我慢"是无上的喜乐。

◎ 保持觉醒与观照，脱离"我"、"我所有"的念头，就能解脱苦。

◎ 信仰带给人生力量，也带给生命希望。

◎ 金钱化妆你的外表，佛法启悟你的内在。

◎ 有信仰的人最富贵，具道德的人最安乐，肯修行的人最安心，有智慧的人最可敬。

◎ 人活着，唯一的任务就是净化自己，发觉生命的唯一真实。

◎ 修行要有耐性，甘于淡泊，乐于寂寞。

◎ 一个人宁可死上千百次，也不可以在无知的状态，卑贱地活着。

◎ 真正的开悟就是认知、肯定自己，找回迷失的自己，完成了生命的觉醒。

◎ 真实的悟，只是生命的觉醒，只是认知了原本自心，即原本的自己。

◎ 甘于淡泊，乐于寂寞，功到自然成就。

◎ 如果自己的心灵没有足够的和平，那也没有办法把和平带到他人的心灵。

◎ 我们需要在自己身上灌溉和平、喜悦、快乐的种子。

◎ 情，维系着人与人之间的活动与存在，宛如是润滑剂，使人活得更有意义。但是情爱的执著之所以会造成烦恼，主要是因为其中只有感性，缺失了理性，表现出自私、以自我为中心的要求。

◎ 年轻人跟我说，父母亲给他们的礼物，最珍贵的便是父母亲自己的快乐。如果做父母的自己感到快乐，孩子的意识就会收到快乐种子，当他们长大后，他们也会知道如何让别人快乐。反之，便是战争的根源。如果孩子不快乐，他们就会寻找和战争一模一样的东西，像是酒精、毒品、赌博，某些电视、电影节目，以及其他暴力的"文化产物"。

◎ 对于心外的空间不必去争执、占取，重要的是，必须去体会内心的空间。

◎ 发心，才能把事情做好；立愿，做事才有目标。

◎ 真正的幸福其实不在于财物的多寡，亦不在于地位名誉的高下，而在于我们是否能珍惜每一个当下，疼爱每一个与我们今世有缘相聚的众生。

◎ 要学习"事忙人不忙，人忙心不忙"，要藉事炼心，但不管多么忙，书总是要读。

◎ 能不念旧恶宿怨，才能化阻力为助力来成就大事业，这也是身为领导者最根本的风范、气度。

◎ 世上应没有"运气"这回事，至多只有顺境或逆境，顺境是我们努力的成果，逆境是未能预见的情况，故我们要以平常心来接受"顺逆皆一半"的未来。

◎ 持身不可太皎洁，一切污辱垢秽要茹纳得。处事不可太分明，一切贤愚好丑要包容得。

◎ 集体的力量可以帮助我们成就愿望，期望每一个人都能懂得融入大众，以壮大自己的力量。

◎ 一个好人，不管他做得再怎么好，一半的人赞美他，另一半的人还是要诽谤；一个坏人，不管他做得再怎么坏，一半的人不屑理睬，另一半的人仍要为他说好！

◎ 人有一分器量，便有一分气质；人多一分器量，便多一分人缘。

◎ 人生应有福，可惜不知足：思量事累苦，闲静便是福；思量挥霍苦，节俭便是福；思量孤独苦，亲友便是福；思量老病苦，健康便是福；思量多疑苦，有慧便是福；思量挫折苦，结缘便是福；思量计较苦，放下便是福；思量嫉妒苦，包容便是福；思量烦恼苦，欢喜便是福。

◎ 养量的方法——意自满者，其局量必不大，所以要戒骄满。见人一善，要忘其百非。若是只看见别人缺点看不见别人优点者，无法有器量。不为不如意事所累，不如意事来临时，能泰然处之，不为所累，器量自可养大。

◎"心"——纵此心者，丧人善事，制之一处，无事不办。

◎面对社会人情冷暖，我们要用智慧、慈悲、忍耐、柔和去克服；只要我们心中能包容一切众生，就不会斤斤计较荣辱得失；只要我们心中蕴藏富贵法财，就不会汲汲营营于蝇头小利。心中有力量，不计较、不比较，自然超然于称讥毁誉之外，昂首于富贵淫威之上，快乐地过着奉献服务的人生。

◎心常随人，人莫随心，心者误人，心杀身。心取罗汉、心取天、心取人、心取畜生虫蚁鸟兽、心取地狱、心取饿鬼作形貌者，皆心所为。

◎在现实人间，虽然有苦有乐，有悲有喜，有成功有失败，有圆满有缺憾，有舒服与不舒服的时候，但是在我所行走的每一步，都有我的思想、我的意志、我的选择。

◎一个人若能不被世俗羁绊，就能得到真正的自由，一个人若能从忧虑和困扰中静心，就能得到究竟的解脱。一个人若能处在空的状态，就能得到完全的无碍。

◎人生最大的敌人是自己，对自己缺乏信心是失败的主要因素。

◎你的想法，决定你的生活和人生。

◎"好情境"和"急性子"是矛盾和相反的。最高级的餐厅，上菜总是缓慢的，这样舒缓的气氛，才能品出食物的美味。最好的艺术馆和博物馆，总会让人忍不住放慢步伐，去享受空间和品味艺术。最美丽的花园，会使人不自觉地轻轻散步，怕惊动花木，和花上的彩蝶。最好的生活，应该也是舒缓的吧！有深度的品味，有宽广的空间，有细腻的觉察，有安静的思维，因此，要学习每天有一段路，要慢慢地、轻轻地、静静地散步。

◎ 无我不是说我们不存在，而是存在于不断地在改变，因为是无常，不要有自我中心，常想到别人。

◎ "无所住"是没有自我中心，不为我要怎么，不要怎么对自己。"生其心"是随类希求，随缘救济做过即放下，不放在心上。"实相"即是"无相"、"空"。空是无常，无常变化叫做"空"，而无常变化的本身就是实相，因为经常在变化，所以叫"无相"——没有不变的一个现象。无常的本身叫空，空的本身就是无相，无相的本身就是实相。

◎ 一个大修行人，临终时是欢喜自在的，因为身心是苦恼的境界，正好离开五浊升净域，何有一丝挂虑？

以爱来奋斗

◎ 我们出生来到世上，是要为人类的幸福与快乐而努力的。

◎ 要发挥强烈的人类爱，与众生界共苦，与所有生命界同悟。

◎ 唯有爱心才能对治嗔恚。唯有慧剑才能斩断无明。唯有慈爱才能克服仇恨。唯有教化的心灵，才能拥有快乐、健康的举止、言语和想法。

◎ 修行的要领是观察动机、审视心灵。从心开始、从心出发、过心生活。

◎ 世界和平唯有靠人格的完成。以完成人格为目标的宗教则是佛教。人格的完成，唯赖智慧、慈悲与勇气三者之调和方可达到。

◎ 唯有透过心灵和平的开发，才能达成我们个人及世界的真正和平。

◎ 血迹不能以血洗净，怨恨不能以怨恨止息，唯有忘掉怨恨才能止息怨恨。"不可久看，不可短急，怨恨唯独以无怨恨才能消除。"（长寿王对长生王子所说）

◎ 不必太在意死后的事，只需重视眼前所发生的事，然后一一克服，如此也等于在解决未来的事。

◎ 将觉醒放入心中，如果心是觉醒的话，它将安住于平静之中。

◎ 真认自己错，莫论他人非，他非即我非，同体名大悲。

◎ 爱惜自我，是一切苦难之源；爱惜他人，是所有功德之本。要多修习自他相换法门。

◎ 一旦降服了内心，心中不再有嗔恨，就不会有外在的仇敌。

◎ 人生真正的快乐，始于爱惜其他众生。一旦你开始为其他众生过活，在你把关心的对象，从自己转换为其他众生的时候，内心顿时放下自我爱惜，便解脱自私心的束缚，内心便获得真正的解放、自由及满足和安宁。

心好命就好

◎ 记人好处，能忘恨；记人坏处，会生怨。爱心生，百恨消；邪念动，万恶来。

◎ 不想坏事，心乐；不说坏事，意乐；不做坏事，身乐。

◎ 怕苦，苦一辈子，不怕苦，快乐一辈子。困苦是激素，能吃苦才能有成就。

◎ 以德为富，以道为贵；以安为福，以仁为寿。

◎ 只要怀有慈悲心，人人皆是观世音。

◎ 说话的方式有五种：实际的或不实际的；真实的或不真实的；柔软的或不柔软的；有意义的或无意义的；慈悲的或愤怒的。

◎ 人活着要能为家人服务，为邻居、朋友及社会上的人做些事。否则，我们为谁而活？当然，在服务他人的同时，也别忘了要为自己而活。

◎ 保持微笑是最好的良药。微笑的人做事舒服，大家都喜欢他。每天要计划今天我要微笑，不笑的话，精神会分裂。佛教徒是最快乐的人！

◎ 尝试把自己的想法全部倒掉，用别人的想法。

◎ 我们要当"心"的主人，带领心，降伏心，而不为心所降伏，不要做心的奴隶。

◎ 人和人相处，常常借用对方的眼睛看彼此的世界，可以去掉我执。

◎ 所谓高品质的快乐，就是"自在"。

◎ 微笑是一种真理的火花。多微笑较容易接近真理。从今天开始，让我们把从过去到现在的苦都交给无常，让苦在无常中转化掉。

◎ 人总是不讲道理、思想谬误、自我中心；不管怎样，总是要爱他们。

◎ 你所做的善事，明天就会被遗忘，不管怎样，总是要继续做善事。

◎ 以坚定的意志处世，用柔软的心情待人。

◎ 这个世界有太多的苦难与不平,需要我们付出善心的爱与温暖的手。

◎ 你要别人对你做什么,你也要对他们做什么。

◎ "我找到了我自己"人要做自己命运的主人。

◎ 痛苦的根源是私欲、占有、控制。

◎ 往往跟你最亲密的人,却常常让你痛苦、挂怀;反倒是一些忤逆你的人事,却成了砥砺的利器。问题全在于你用哪种心态面对。

◎ 没有贪爱和憎恨的人,就没有束缚。

◎ 不执著的人,才是世界上最富有的人,他能真正拥有一切,整个宇宙都是他的财富。

◎ 忍是天地间最宽大的包容能量。

◎ 苦有两种:导致更痛苦的苦和导致苦止息的苦。

◎ 别去做会造成苦的事。接受它→去除它→不造作它。

◎ 如果你在不稳定(无常)中看见稳定(常),你就必定受苦。

◎ 你是你自己的老师,审视你自己去寻真理——真理在里面而不在外面。认识你自己才是最重要的。

◎ 正精进和持戒,是不间断地持续你内在的觉醒与收摄。

◎ 有毒的香蕉,你会去吃它吗?当佛陀告诉我们,感官的快乐是有"毒"的时候,我们为何还去"吃"它呢?

◎ 一颗"空心"的意思,并不是说里面空无一物,而是指空掉恶的,但却充满智慧。

◎ "我是为什么而生的?"为生而哭?如果没有生,就不会有死。

◎ 我们是为了不要再生而生。死,是紧紧地挨着呼吸的。

◎ "觉知者"清楚地知道,一切因缘和合的事物都不是牢固的，他不会去追逐迁变的因缘。住于当下，与当下的真理同在。

◎ 事实上，并没有一个"恒常自我"的东西存在。

◎ 时间就是我们当下的呼吸。禅坐就是你的呼吸。

◎ 只有一部书值得一读，那就是——心。

◎ 心是愉悦的，在任何地方都会是快乐的。当智慧在你的内心中觉醒时，不论你看哪里，都会见到真理。

◎ "向内挑战"，"战胜自己"。只管衡量自己，别去评论他人。

◎ 诸行（和合事物）是透过无常变迁而存在的，怎样也阻止不了它。想一想：你能只呼出而不吸入吗？我们希望事物都恒常不变，那是没办法的！

◎ 如果你真实而清楚地看见不稳定（无常），你将会见到稳定（常）。所谓的稳定（常）是：一切事物绝对是不稳定（无常）的，而且不会有其他意（例）外。

◎ 我们必须学习放下所有我们的欲望——即使是觉悟的欲望。唯有如此，我们才会解脱。

◎ 平静就是烦恼止息。平静，是在我们内心里的烦恼和病苦中找到的。

◎ 我们真正的归宿，就是内心的平静。不是房子、车子、感情，那是世俗的家，会随顺世间的法则——无常变化。

后记

请把喜乐分享给你身边的每一个人

看完本书，你是否在感受着一种喜乐的心境呢？

当然，佛法的博大精深并非一本书所能论述的，我并非作家，也从没当是在写作，我只不过是把自己潜心研究包罗万象的佛学，以及日常行脚各地的见闻和所思，包含的所思所忧，都如实地记录下来，当做是与老朋友谈心般，把人生旅途中捕捉到的稍纵即逝的吉光片羽，提供给有缘的人参考。希望能将自己对佛法的领悟与众人分享。这也正是我写这本书的初衷。

印度著名佛教圣者，伟大的寂天菩萨曾开示众生："人人都想拥有快乐，可是由于缺乏快乐之道，仍然被痛苦的乌云所笼罩。"读完本书的朋友，你是否找到了快乐之道？当众生参透"谓闻见、参悟佛法而生欢喜"时，便会明白心中若是法喜充满，那么还有什么事不被消融呢？人与人之间的影响是巨大的，所以，请把你喜乐的心境，分享给你身边的每一个人，让人人都得喜乐，这也是为自己做功德。

喜乐是一种乐观、快乐的心态，是知足、感恩、温暖，也是仁慈的核心，是在琐碎日子里依然守望着心灵上的那角纯净的天空。愿众生，都有一个"当心不执著，烦恼无由更上头；观心自在，苦海无波任悠游"的喜乐人生。

释照圣

书于报恩佛堂

佛历二五五七年二月十五日

2013 年 3 月 26 日

金剛經

抄经之功德

抄经,是指抄写释迦摩尼佛所说的佛教经典,抄经时首重定心,用最虔诚的心抄写佛经,将整个身心都投入其中,精神比较能集中所以抄经能帮助心的安定,注意力更容易集中。无著菩萨介绍抄经有五种功德:1. 可以亲近如来;2. 可以摄取福德;3. 亦是赞法亦是修行;4. 可以受天人等的供养;5. 可以灭罪。所以抄经可说是各种修行法门中,非常殊胜且简易的一种,是受持经典很好的方法之一。同时抄经可以修身养性;抄经可以深入经藏;抄经还可以长养感恩心;抄经更可以自利利人。因此,只要我们懂得以正见正念来抄经,功德不可思议。

抄写和读诵《金刚般若波罗蜜经》的注意事项及步骤:(也适用于一切大乘经典)

抄经前有条件者先沐浴,换干净的衣服,洗干净手,抄经的环境要保持干净整洁。抄经时如能焚香、点灯,或者是供养鲜花就更好了,抄好的经文一定要谨慎放好,放在佛堂或者是高处干净的地方(切勿放夫妻卧房及不净之处)。抄写完的《金刚般若波罗蜜经》可以供在佛堂,结缘给他人,或者供养在佛塔内,不管哪种形式都要谨慎对待,以示对佛法的尊重。抄经或诵经的注意事项及步骤:A:最好能够不吃葱蒜等五辛的食物,能吃素最好,不能吃素也要尽量做到吃三净肉;B:如果能持戒抄经的话,效果更好;C:女人月经期间也可以继续抄经,只要保持干净整齐及清净发心即可;D:抄经还应掌握一个窍诀就是保持每天不间断,即使每天只抄一段,甚至一个字,持续去做的力量是非常大的。如条件允许可以按照以下九个步骤去做,以期获得最大的利益,条件不允许的话,内心清净及恭敬即可。

一、前行准备: 洗手结案,端身正坐。条件允许可于佛前供香,若无条件也可心香一柱。整理抄经及诵经环境,静坐几分钟,收摄身、口、意,让心归于平静;祈请所受持的经书中佛、菩萨慈悲加持。之后合十以至诚恭敬心念诵:南无本师释

金刚般若波罗蜜经

迦牟尼佛（三称）

无上甚深微妙法，百千万劫难遭遇，我今见闻得受持，愿解如来真实义。（一遍）

二、恭请和观想所有有缘亲众一起来受持佛经：抄经的时候要恭请及观想三趣六道一切如母的众生，你本人所有的有缘亲众，无始劫以来的父母师长、宗亲眷属，冤亲债主都跟你一起抄经，给他们提供机会脱离妄想，杂染，因果报应和各种苦难（如观想不到位，心念到了也可以）。

三、观想法会圣众：我们不管受持哪一部经典，首先要把我们受持经典的处所观想为讲这部经典的法会场所，然后清晰地将大恩本师释迦牟尼佛和法会圣贤等众观想出来。再观想自己身在法会之中，这样观想就会使得诵经或抄经者如同身临其境一样，这样就很容易理解经义。

四、修供养：我们如前所说把一切诸佛圣贤等众都观想出来后就要开始修供养。这时我们要观想自己在意念中以种种七宝供养佛陀及诸大菩萨和阿罗汉等。经云：行者无物供养三宝，于意幻观想供养亦可得如实供养的功德。意幻供养和真实供养的功德是一样的。所以在诵经或抄经时可修供养。

五、修皈依：我们在诵经或抄经时若不能生起究竟地归三宝的心，就不能与三宝所弘之法相应。所以在诵经及抄经前必须要修皈依。我们供养完法会圣众后，就要紧接着观想自己与一切众生恭敬对三宝前顶礼皈依，心中念诵皈依偈颂。

六、发菩提心：我们读诵和抄写大乘经典时要有相应的发心。当我们修完皈依后就要观想自己在诸佛面前发起大愿：慈悲的导师佛陀啊！愿您加持愚痴的弟子们，令我们开启无上的智慧，成就圆满正等觉，圆满度化一切众。为了将一切如母的众生安放在佛的果位，让他们得到究竟的快乐和解脱，所以我们来读诵或抄写这部殊胜的经典。这样发愿后，再观想佛陀很是欢喜地从五体中同放清净宝光灌入我们的头顶来加持我们，由于佛陀的加持，从而也清净了自己的闻法业障。

七、安住：前面的前行具足了以后就要趋入正行而来诵经或抄经。在抄经时我们要把心安住在经书的字里行间中，一边受持一边观想这些经文都化成光明融入自己的心中。诵经或抄经不要追求速度和数量，要注重诵经和抄经的质量。

八、念补阙圆满真言七遍果滨居士提供的梵音参考：（嗡 呼噜呼噜 佳呀穆克黑 司哇哈）每天晚上念七遍，然后回向，那么白天所念的佛号、经、咒语，不但圆满，而且可以增加千万倍的功德，这个叫补阙咒。念诵或抄写经文和真言咒语，恐有遗漏或错谬，诵此真言则补缺无误。

九、回向：当我们诵经或抄经结束后观想这部经典化成光明融入自心。然后就虔诚地对佛陀之前发愿回向。把诵经或抄经的所有的功德果报悉与一切众生共回向无上菩提，回向阿耨多罗三藐三菩提，愿一切众生皆能成就无上智慧，究竟地出离生死轮回诸苦。观想跟你一起抄经或诵经的所有众生的一切业障已经全部清净，造成他们痛苦的各种虚幻也清除，他们都离苦得乐，往生极乐世界了。然后你的内心充满法喜！

念一遍：普回向真言：嗡 司嘛啦 司嘛啦 维嘛拿 洒啦 嘛哈 佳割啦 哇 吽

最后念回向文：（适用于所有的回向）

此福已得一切智　　摧伏一切过患敌　　生老病死犹涌涛　　愿度有海诸有情

文殊师利勇猛智　　普贤慧行亦复然　　我今回向诸善根　　随彼一切常修学
三世诸佛所称叹　　如是最胜诸大愿　　我今回向诸善根　　为得普贤殊胜行
愿我临欲命终时　　尽除一切诸障碍　　面见彼佛阿弥陀　　即得往生安乐刹
我此普贤殊胜行　　无边胜福皆回向　　普愿沉溺诸众生　　速往无量光佛刹

注：更多佛学文章以及抄经的殊胜感应，大家可以在我们提供的沟通平台"QQ和微博"中去了解与交流。

腾讯微博：zhaoshengchanshi　　QQ：2265115150　　联系电话：010－84804432

金刚般若波罗蜜经

佛祖源流图

金刚经启请

炉香赞

炉香乍热 法界蒙熏 诸佛海会悉遥闻 随处结祥云 诚意方殷 诸佛现全身

南无香云盖菩萨摩诃萨（三称）

净口业真言

唵 修唎修唎 摩诃修唎 修修唎 婆婆诃

净身业真言

唵 修多唎 修多唎 修摩唎 修摩唎 婆婆诃

净意业真言

唵 嚩日啰 怛诃贺斛

安土地真言

南无三满哆 没驮喃 唵 度噜度噜 地尾娑婆诃

普供养真言

唵 誐誐曩 三婆嚩 韈日啰斛

奉请八金刚

奉请 青除灾金刚

奉请 辟毒金刚

奉请 黄随求金刚

奉请 白净水金刚

奉请　赤声火金刚

奉请　定持灾金刚

奉请　紫贤金刚

奉请　大神金刚

奉请四菩萨

奉请　金刚眷菩萨

奉请　金刚索菩萨

奉请　金刚爱菩萨

奉请　金刚语菩萨

发愿文

稽首三界尊　皈依十方佛

我今发宏愿　受持金刚经

上报四重恩　下济三涂苦

若有见闻者　悉发菩提心

尽此一报身　同生极乐国

云何梵

云何得长寿　金刚不坏身
复以何因缘　得大坚固力
云何于此经　究竟到彼岸
愿佛开微密　广为众生说
南无本师释迦牟尼佛（三称）
南无般若会上佛菩萨（三称）

开经偈

无上甚深微妙法
百千万劫难遭遇
我今见闻得受持
愿解如来真实义

金刚般若波罗蜜经
姚秦三藏法师鸠摩罗什译

如是我闻：一时，佛在舍卫国祇树给孤独园，与大比丘众千二百五十人俱。尔时，释尊食时，著衣持钵入舍卫大城乞食；於其城中次第乞已，还至本处；饭食讫收衣钵，洗足已敷座而坐。

时，长老须菩提在大众中，即从座起，偏袒右肩，右膝着地，合掌恭敬而白佛言：希有世尊！如来善护念诸菩萨，善付嘱诸菩萨。世尊！善男子、善女人发阿耨多罗三藐三菩提心，应云何住？云何降伏其心？

金刚般若波罗蜜经

佛言：善哉，善哉！须菩提！如汝所说：「如来善护念诸菩萨，善付嘱诸菩萨」。汝今谛听！当为汝说。善男子、善女人发阿耨多罗三藐三菩提心，应如是住、如是降伏其心。

唯然，世尊！愿乐欲闻。

佛告须菩提：诸菩萨摩诃萨应如是降伏其心——所有一切众生之类：若卵生、若胎生、若湿生、若化生；若有色、若无色；若有想、若无想、若非有想非无想，我皆令入无余涅盘而灭度之。如是灭度无量无数无边众生，实无众生得灭度者。何以故？须菩提！

若菩萨有「我相、人相、众生相、寿者相」即非菩萨。复次，须菩提！菩萨於法应「无所住」行於布施——所谓不住色布施，不住声香味触法布施。须菩提！菩萨应如是布施——不住於相；何以故？若菩萨不住相布施，其福德不可思量。须菩提！於意云何？东方虚空，可思量不？

不也，世尊！

须菩提！南西北方四维上下虚空，可思量不？

不也，世尊！

须菩提！菩萨无住相布施，福德亦复如是不可思量。须菩提！菩

金刚般若波罗蜜经

萨但应如所教住。须菩提！於意云何？可以身相见如来不？

不也，世尊！不可以身相得见如来。何以故？如来所说身相即非身相。

佛告须菩提：凡所有相皆是虚妄，若见诸相非相，则见如来。

须菩提白佛言：世尊！颇有众生得闻如是言说章句，生实信不？佛告须菩提：莫做是说！如来灭後，後五百岁，有持戒修福者，於此章句能生信心，以此为实；当知是人不于一佛二佛三四五佛而种善根。已于无量千万佛所种诸善根。闻是章句乃至一念生净信者，须菩提！如来悉知悉见；是诸众生得如是无量福德。何以故？是诸众生无复我相、人相、众生相、寿者相，无法相，亦无非法相。何以故？是诸众生若心取相，则为著我人众生寿者。若取法相，即著我、人、众生、寿者；何以故？若取非法相，即著我、人、众生、寿者。是故不应取法，不应取非法；以是义故，如来常说：「汝等比丘！知我说法如筏喻者，法尚应舍，何况非法」。须菩提！於意云何？如来得阿耨多罗三藐三菩提耶？如来有所说法耶？

　　须菩提言：如我解佛所说义，

金刚般若波罗蜜经

无有定法名阿耨多罗三藐三菩提，亦无有定法，如来可说；何以故？如来所说法皆不可取、不可说、非法、非非法；所以者何？一切圣贤皆以无为法而有差别。

须菩提！於意云何？若人满三千大千世界七宝以用布施，是人所得福德宁为多不？

须菩提言：甚多，世尊！何以故？是福德即非福德性，是故如来说福德多。

若复有人于此经中，受持乃至四句偈等为他人说，其福胜彼；何以故？须菩提！一切诸佛及诸佛阿耨多罗三藐三菩提法，皆从此经出。须菩提！所谓佛法者，即非佛法。须菩提！於意云何？须陀洹能作是念：「我得须陀洹果」不？

须菩提言：不也，世尊！何以故？须陀洹名为入流，而无所入，不入色声香味触法，是名须陀洹。须菩提！於意云何？斯陀含能作是念：「我得斯陀含果」不？

须菩提言：不也，世尊！何以故？斯陀含名一往来，而实无往来，是名斯陀含。

须菩提！於意云何？阿那含能作是念：「我得阿那含果」不？须菩提言：不也，世尊！何以故？阿那含名为不来，而实无不来，是名

金刚般若波罗蜜经

阿那含。

须菩提！於意云何？阿罗汉能作是念：「我得阿罗汉道」不？

须菩提言：不也，世尊！何以故？实无有法名阿罗汉。世尊！若阿罗汉作是念：「我得阿罗汉道」，即为著我、人、众生、寿者。世尊！佛说「我得无诤三昧，人中最为第一，是第一离欲阿罗汉」。我不作是念：「我是离欲阿罗汉」。世尊！我若作是念：「我得阿罗汉道」；世尊则不说「须菩提是乐阿兰那行者」。以须菩提实无所行，而名「须菩提是乐阿兰那行」。

佛告须菩提：於意云何？如来昔在然灯佛所，於法有所得不？

世尊！如来在然灯佛所，於法实无所得。

须菩提！于意云何？菩萨庄严佛土不？

不也，世尊！何以故？庄严佛土者，即非庄严，是名庄严。

是故须菩提！诸菩萨摩诃萨应如是生清净心，不应住色生心，不应住声香味触法生心，应无所住而生其心。须菩提！譬如有人身如须弥山王；於意云何？是身为大不？

须菩提言：甚大，世尊！何以故？佛说非身是名大身。

金刚般若波罗蜜经

须菩提！如恒河中所有沙数，如是沙等恒河，於意云何？是诸恒河沙宁为多不？

须菩提言：甚多，世尊！但诸恒河尚多无数，何况其沙！

须菩提！我今实言告汝：若有善男子、善女人，以七宝满尔所恒河沙数三千大千世界以用布施，得福多不？

须菩提言：甚多，世尊！

佛告须菩提：若善男子、善女人于此经中，乃至受持四句偈等为他人说，而此福德胜前福德。复次，须菩提！随说是经乃至四句偈等，当知此处一切世间天人阿修

罗，皆应供养如佛塔庙，何况有人尽能受持读诵。须菩提！当知是人成就最上第一希有之法，若是经典所在之处，则为有佛，若尊重弟子。

尔时，须菩提白佛言：世尊！当何名此经？我等云何奉持？

佛告须菩提：是经名为金刚般若波罗蜜，以是名字汝当奉持；所以者何？须菩提！佛说般若波罗蜜，即非般若波罗蜜。须菩提！於意云何？如来有所说法不？

须菩提白佛言：世尊！如来无所说。

须菩提！於意云何？三千大千

金刚般若波罗蜜经

世界所有微尘，是为多不？

须菩提言：甚多，世尊！

须菩提！诸微尘，如来说「非微尘，是名微尘」。如来说「世界非世界是名世界」。须菩提！於意云何？可以三十二相见如来不？不也，世尊！何以故？如来说三十二相即是非相，是名三十二相。须菩提！若有善男子、善女人以恒河沙等身命布施，若复有人于此经中，乃至受持四句偈等为他人说，其福甚多！

尔时，须菩提闻说是经深解义趣，涕泪悲泣而白佛言：希有，世尊！佛说如是甚深经典，我从昔来所得慧眼，未曾得闻如是之经。世尊！若复有人得闻是经，信心清净则生实相，当知是人成就第一希有功德。世尊！是实相者则是非相，是故如来说名实相。世尊！我今得闻如是经典，信解受持不足为难；若当来世後五百岁，其有众生得闻是经信解受持，是人则为第一希有；何以故？此人无我相、人相、众生相、寿者相，所以者何？我相即是非相、人相、众生相、寿者相即是非相；何以故？离一切诸相，则名诸佛。

　　佛告须菩提：如是如是！若复有人得闻是经不惊不怖不畏，当知

金刚般若波罗蜜经

是人甚为希有；何以故？须菩提！如来说第一波罗蜜，非第一波罗蜜；须菩提！忍辱波罗蜜，如来说非忍辱波罗蜜；何以故？须菩提！如我昔为歌利王割截身体，我于尔时无我相、无人相、无众生相、无寿者相；何以故？我於往昔节节支解时，若有我相、人相、众生相、寿者相，应生瞋恨。须菩提！又念过去，於五百世作忍辱仙人；於尔所世，无我相、无人相、无众生相、无寿者相。是故，须菩提！菩萨应离一切相，发阿耨多罗三藐三菩提心，不应住色生心，不应住声香味触法生心，应生无所住心；若心有住；即为非住；是故佛说：「菩萨心不应住色布施」。须菩提！菩萨为利益一切众生，应如是布施。如来说：「一切诸相即是非相，又说：一切众生则非众生」。须菩提！如来是真语者、实语者、如语者、不诳语者、不异语者。须菩提！如来所得法，此法无实无虚。须菩提！若菩萨心住於法而行布施，如人入暗则无所见；若菩萨心不住法而行布施——如人有目，日光明照，见种种色。须菩提！当来之世，若有善男子、善女人能於此经受持读诵，则为如来以佛智慧悉知是人悉见是人，皆得成就无量

金刚般若波罗蜜经

无边功德。须菩提！若有善男子、善女人初日分以恒河沙等身布施，中日分复以恒河沙等身布施，後日分亦以恒河沙等身布施，如是无量百千万亿劫以身布施；若复有人闻此经典信心不逆，其福胜彼；何况书写受持读诵为人解说。须菩提！以要言之，是经有不可思议不可称量无边功德，如来为发大乘者说，为发最上乘者说。若有人能受持读诵广为人说，如来悉知是人悉见是人，皆得成就不可量、不可称、无有边、不可思议功德；如是人等，则为荷担如来阿耨多罗三藐三菩提。何以故？须菩提！若乐小法者著我见、人见、众生见、寿者见，则于此经不能听受读诵为人解说。须菩提！在在处处若有此经，一切世间天人阿修罗所应供养，当知此处则为是塔，皆应恭敬作礼围绕，以诸华香而散其处。复次，须菩提！若善男子、善女人受持读诵此经，若为人轻贱；是人先世罪业应堕恶道；以今世人轻贱故，先世罪业则为消灭，当得阿耨多罗三藐三菩提。须菩提！我念过去无量阿僧祇劫，于然灯佛前得值八百四千万亿那由他诸佛，悉皆供养承事无空过者。若复有人於後末世，能受持读诵此经所得功德，於我所供养诸

金刚般若波罗蜜经

佛功德——百分不及一、千万亿分乃至算数譬喻所不能及。须菩提！若善男子、善女人於後末世，有「受持读诵此经」所得功德，我若具说者；或有人闻，心即狂乱狐疑不信。须菩提！当知是经义不可思议，果报亦不可思议。

尔时，须菩提白佛言：世尊！善男子、善女人发阿耨多罗三藐三菩提心，云何应住？云何降伏其心？

佛告须菩提：善男子、善女人发阿耨多罗三藐三菩提者，当生如是心——「我应灭度一切众生；灭度一切众生已，而无有一众生实灭度者」；何以故？若菩萨有我相、人相、众生相、寿者相，则非菩萨；所以者何？须菩提！实无有法发阿耨多罗三藐三菩提者。须菩提！於意云何？如来于燃灯佛所，有法得阿耨多罗三藐三菩提不？

不也，世尊！如我解佛所说义，佛于燃灯佛所，无有法得阿耨多罗三藐三菩提。

佛言：如是如是！须菩提！实无有法，如来得阿耨多罗三藐三菩提。须菩提！若有法，如来得阿耨多罗三藐三菩提，燃灯佛则不与我授记：「汝於来世，当得作佛，号释迦牟尼」；以「实无有法」得阿

金刚般若波罗蜜经

耨多罗三藐三菩提，是故然灯佛与我授记，作是言：「汝于来世当得作佛，号释迦牟尼。」何以故？如来者即诸法「如」义。若有人言：「如来得阿耨多罗三藐三菩提」；须菩提！实无有法，佛得阿耨多罗三藐三菩提。须菩提！如来所得阿耨多罗三藐三菩提，於是中无实无虚，是故如来说一切法皆是佛法。须菩提！所言一切法者即非一切法，是故名一切法。须菩提！譬如人身长大。

须菩提言：世尊！如来说人身长大则为非大身，是名大身。

须菩提！菩萨亦如是，若作是

言：「我当灭度无量众生」，即不名菩萨；何以故？须菩提！无有法名为菩萨，是故佛说一切法无我、无人、无众生、无寿者。须菩提！若菩萨作是言：「我当庄严佛土」，是不名菩萨；何以故？如来说庄严佛土者即非庄严，是名庄严。须菩提！若菩萨通达无我法者，如来说名真是菩萨。须菩提！於意云何？如来有肉眼不？

如是，世尊！如来有肉眼。

须菩提！於意云何？如来有天眼不？

如是，世尊！如来有天眼。"

须菩提！於意云何？如来有慧

眼不？

如是，世尊！如来有慧眼。

须菩提！於意云何？如来有法眼不？

如是，世尊！如来有法眼。

须菩提！於意云何？如来有佛眼不？

如是，世尊！如来有佛眼。

须菩提！於意云何？恒河中所有沙，佛说是沙不？

如是，世尊！如来说是沙。

须菩提！於意云何？如一恒河中所有沙，有如是等恒河，是诸恒河所有沙数佛世界，如是宁为多不？

甚多。佛告须菩提：尔所国土中所有众生若干种心如来悉知；何以故？如来说诸心皆为非心，是名为心；所以者何？须菩提！过去心不可得，现在心不可得，未来心不可得。须菩提！於意云何？若有人满三千大千世界七宝以用布施，是人以是因缘得福多不？

如是，世尊！此人以是因缘得福甚多。

须菩提！若福德有实，如来不说得福德多；以福德无故，如来说得福德多。须菩提！於意云何？佛可以具足色身见不？

不也，世尊！如来不应以具足

金刚般若波罗蜜经

色身见；何以故？如来说具足色身，即非具足色身，是名具足色身。

须菩提！於意云何？如来可以具足诸相见不？

不也，世尊！如来不应以具足诸相见；何以故？如来说诸相具足即非具足，是名诸相具足。

须菩提！汝勿谓如来作是念：「我当有所说法」；莫作是念，何以故？若人言：「如来有所说法」，即为谤佛，不能解我所说故。须菩提！说法者，无法可说是名说法。

尔时，慧命须菩提白佛言：世

尊！颇有众生于未来世闻说是法，生信心不？

佛言：须菩提！彼非众生非不众生，何以故？须菩提！众生众生者，如来说非众生，是名众生。

须菩提白佛言：世尊！佛得阿耨多罗三藐三菩提，为无所得耶？如是如是！须菩提！我于阿耨多罗三藐三菩提，乃至无有少法可得，是名阿耨多罗三藐三菩提。复次，须菩提！是法平等无有高下，是名阿耨多罗三藐三菩提。以「无我、无人、无众生、无寿者」修一切善法，则得阿耨多罗三藐三菩提。须菩提！所言善法者，如来说非善

金刚般若波罗蜜经

法，是名善法。须菩提！若三千大千世界中，所有诸须弥山王如是等七宝聚，有人持用布施。若人以此般若波罗蜜经乃至四句偈等受持、为他人说；於前福德——百分不及一、百千万亿分乃至算数譬喻所不能及。须菩提！於意云何？汝等勿谓如来作是念：「我当度众生」。须菩提！莫作是念；何以故？实无有众生如来度者；若有众生如来度者；如来则有我、人、众生、寿者。须菩提！如来说有我者，则非有我，而凡夫之人以为有我。须菩提！凡夫者，如来说则非凡夫。

金刚般若波罗蜜经

须菩提！於意云何？可以三十二相观如来。

须菩提言：如是如是！以三十二相观如来。

佛言：须菩提！若以三十二相观如来者，转轮圣王则是如来。

须菩提白佛言：世尊！如我解佛所说义，不应以三十二相观如来。尔时，世尊而说偈言：

若以色见我，以音声求我，

是人行邪道，不能见如来。

须菩提！汝若作是念：「如来不以具足相故，得阿耨多罗三藐三菩提。」须菩提！莫作是念：「如来不以具足相故，得阿耨多罗三藐三菩提。」须菩提！汝若作是念发阿耨多罗三藐三菩提心者，说诸法断灭；莫作是念！何以故？发阿耨多罗三藐三菩提心者，於法不说断灭相。须菩提！若菩萨以满恒河沙等世界七宝布施；若复有人知一切法无我，得成于忍，此菩萨胜前菩萨所得功德。须菩提！以诸菩萨不受福德故。

须菩提白佛言：世尊！云何菩萨不受福德？

须菩提！菩萨所作福德不应贪著，是故说「不受福德」。须菩

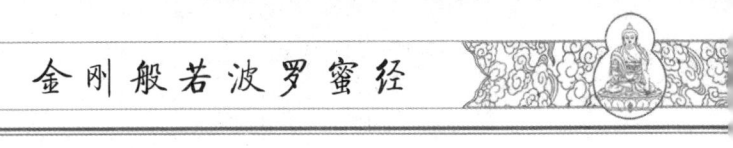

提！若有人言：「如来若来若去、若坐、若卧」，是人不解我所说义；何以故？如来者，无所从来亦无所去故名如来。须菩提！若善男子、善女人以三千大千世界碎为微尘，於意云何？是微尘众宁为多不？

甚多，世尊！何以故？若是微尘众实有者，佛则不说是微尘众；所以者何？佛说微尘众，则非微尘众，是名微尘众。世尊！如来所说三千大千世界，则非世界，是名世界。何以故？若世界实有，即是一合相；如来说一合相，则非一合相，是名一合相。

须菩提！一合相者则是不可说，但凡夫之人贪著其事。须菩提！若人言：佛说「我见、人见、众生见、寿者见」。须菩提！於意云何？是人解我所说义不？

世尊！是人不解如来所说义。何以故？世尊说我见、人见、众生见、寿者见，即非我见、人见、众生见、寿者见，是名我见、人见、众生见、寿者见。

须菩提！发阿耨多罗三藐三菩提心者，於一切法，应如是知，如是见，如是信解，不生法相。须菩

金刚般若波罗蜜经

提！所言法相者，如来说即非法相，是名法相。须菩提！若有人以满无量阿僧祇世界七宝持用布施；若有善男子、善女人发菩提心者，持于此经，乃至四句偈等受持读诵为人演说，其福胜彼。云何「为人演说不取于相，如如不动」；何以故？

一切有为法，如梦幻泡影，
如露亦如电，应作如是观。

佛说是经已，长老须菩提及诸比丘、比丘尼、优婆塞、优婆夷，一切世间天人阿修罗，闻佛所说，皆大欢喜，信受奉行。

般若无尽藏真言

南无薄伽伐帝 钵唎若 波罗蜜多曳 怛侄他 唵 纥唎 地唎室唎 戍噜知 三密栗知 佛社曳 莎诃

金刚心真言

唵 乌伦尼 娑婆诃

补阙真言

南无喝啰怛那 哆啰夜耶 佉啰佉啰 俱住俱住 摩啰摩啰 虎啰吽贺贺 苏怛拏吽 泼抹拏 娑婆诃

圆满补阙真言

唵 呼嚧呼嚧 社曳穆契 莎诃

普回向真言

唵 娑摩啰 娑摩啰 弥摩曩 萨缚诃 摩诃斫迦啰 嚩吽

金刚赞

断疑生信　绝相超宗
顿忘人法解真空　般若味重重
四句融通　福德叹无穷
南无祇园会上佛菩萨（三称）

天上天下无如佛
十方世界亦无比
世间所有我尽见
一切无有如佛者
南无娑婆世界
三界导师　四生慈父
人天教主　三类化身
南无本师释迦牟尼佛

金刚般若波罗心经

观自在菩萨行深般若波罗蜜多时，照见五蕴皆空，度一切苦厄。舍利子，色不异空，空不异色，色即是空，空即是色，受想行识亦复如是。舍利子！是诸法空相——不生不灭、不垢不净、不增不减。是故，空中无色、无受想行识、无眼耳鼻舌身意、无色声香味触法、无眼界乃至无意识界、无无明亦无无明尽，乃至无老死亦无老死尽、无苦集灭道、无智亦无得。以无所得故，菩提萨埵依般若波罗蜜多故，心无挂碍；无挂碍故无有恐怖，远离颠倒梦想，究竟涅盘。三世诸佛依般若波罗蜜多故，得阿耨多罗三藐三菩提。故知，般若波罗蜜多是大神咒、是大明咒、是无上咒、是无等等咒，能除一切苦，真实不虚。故说般若波罗蜜多咒，即说咒曰：揭谛揭谛，波罗揭谛，波罗僧揭谛，菩提萨婆诃。

金刚般若波罗心经

观自在菩萨行深般若波罗蜜多时，照见五蕴皆空，度一切苦厄。舍利子，色不异空，空不异色，色即是空，空即是色，受想行识亦复如是。舍利子！是诸法空相——不生不灭、不垢不净、不增不减。是故，空中无色、无受想行识、无眼耳鼻舌身意、无色声香味触法、无眼界乃至无意识界、无无明亦无无明尽，乃至无老死亦无老死尽、无苦集灭道、无智亦无得。以无所得故，菩提萨埵依般若波罗蜜多故，心无挂碍；无挂碍故无有恐怖，远离颠倒梦想，究竟涅盘。三世诸佛依般若波罗蜜多故，得阿耨多罗三藐三菩提。故知，般若波罗蜜多是大神咒、是大明咒、是无上咒、是无等等咒，能除一切苦，真实不虚。故说般若波罗蜜多咒，即说咒曰：揭谛揭谛，波罗揭谛，波罗僧揭谛，菩提萨婆诃。

金刚般若波罗蜜经

普为流通者和抄写读诵者总回向

愿以此功德　　消除宿现业

增长诸福慧　　圆成胜善根

所有刀兵劫　　及与饥馑等

悉皆尽灭除　　国泰民康宁

流通弘法者　　抄经诵持者

现眷咸安乐　　先亡获超升

所求曾果遂　　随愿生净土

法界诸含识　　同证无上道

金刚般若波罗蜜经

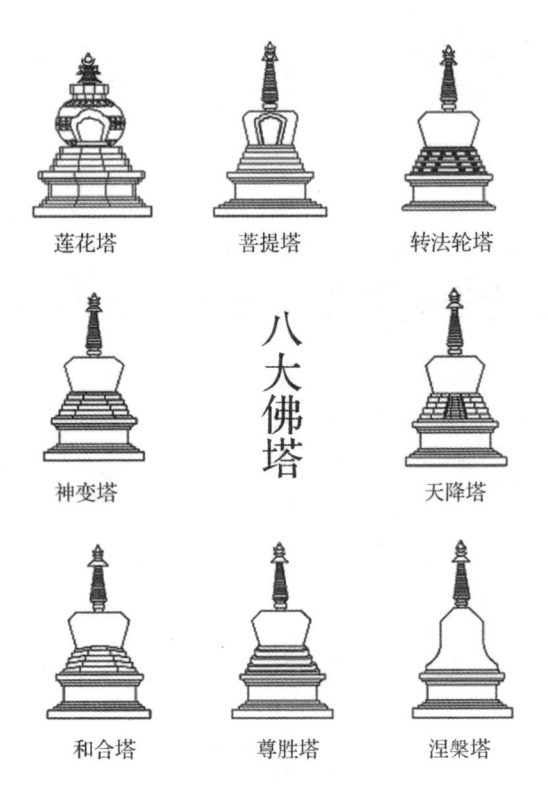

莲花塔　　菩提塔　　转法轮塔

八大佛塔

神变塔　　　　　　　天降塔

和合塔　　尊胜塔　　涅槃塔

文殊八字大威德心真言咒
（此咒置经书中，可息灾除难）